W0110508

DER FALL
OSCAR SLATER

Inhalt

Der Fall Oscar Slater

Wägt man die Fakten, die im Zusammenhang mit der Verurteilung Oscar Slaters vor dem Hohen Gericht in Edinburgh im Mai 1909 stehen, gewissenhaft ab, ist es unmöglich, nicht ein tiefes Missbehagen mit dem Verfahren zu fühlen und in moralischer Hinsicht gewiss zu sein, dass der Gerechtigkeit nicht Genüge getan wurde. Ich bin mir nicht im Klaren, inwieweit unter den Verhältnissen des schottischen Rechts irgendeine Abhilfe besteht, aber es wäre in meinen Augen ein unerhörter Skandal, wenn man es zuließe, dass der Verurteilte aufgrund einer derartigen Beweislage sein Leben in einem Zuchthaus zubringen müsste. Der Spruch der Geschworenen, der zum Todesurteil führte, kam von einer Jury, die folgendermaßen votierte: neun für „Schuldig", fünf für „Nicht bewiesen" und einer für „Nicht schuldig". Nach englischem Recht hätte diese Uneinigkeit im Urteil natürlich Anlass zu einem neuen Prozess gegeben. In Schottland wurde der Mann zum Tode verurteilt, erst zwei Tage vor seiner Hinrichtung begnadigt, und er arbeitet nun in der Strafkolonie Peterhead seine lebenslängliche Strafe ab. Inwieweit das Urteil gerecht war, mag der Leser selbst beurteilen, wenn er gewissenhaft die zusammenhängende Geschichte dieses Falles studiert hat.

Im Jahr 1908 lebte in Glasgow eine alte, jüngferliche Dame namens Miss Marion Gilchrist. Sie lebte seit dreißig Jahren in einer Etagenwohnung im ersten Stock in Queen's Terrace 15. Die Wohnung über ihr stand leer, und die einzigen direkten Nachbarn bestanden aus einer Familie namens Adams unter ihr im Erdgeschoss; deren Wohnung besaß einen eigenen Eingang, der unmittelbar neben dem zu den oberen Stockwerken lag. Die alte Dame hatte eine Bedienstete namens Helen Lambie, ein Mädchen von einundzwanzig Jahren. Sie lebte seit drei oder vier Jahren bei Miss Gilchrist. Allen Berichten zufolge war Miss Gilchrist eine äußerst achtbare Person, die ein stilles und ereignisloses Leben führte. Sie besaß einen gewissen Wohlstand, und eine Eigentümlichkeit für eine Dame ihres Alters und Umfelds bestand darin, dass sie eine Sammlung Juwelen von ansehnlichem Wert erworben hatte. Diese Juwelen hatte sie in Form von Broschen, Ringen, Ohrringen usw. zu verschiedenen Gelegenheiten, die sich über den Lauf etlicher Jahre erstreckten, von einem angesehenen Juwelier gekauft. Ich lege Nachdruck auf diese Tatsache, weil seinerzeit einige wilde Gerüchte zirkulierten, die alte Dame könnte selbst in kriminelle Verstrickungen verwickelt sein. Eine solche Vermutung erwies sich als abwegig. Sie trug ihre Juwelen nur äußerst selten und in Einzelstücken, und da sie ein völlig zurückgezogenes Leben führte, ist schwer vorstellbar, dass irgendjemand außerhalb eines sehr kleinen Kreises von ihren Kostbarkeiten gewusst haben sollte. Der Wert ihres Schatzes lag bei etwa dreitausend Pfund. Ihr Besitz gewährte ihr lediglich eine durch Sorgen beeinträchtigte Freude, denn mehr als einmal äußerte sie die Befürchtung, dass sie überfallen und ausgeraubt werden könnte. Ihre Ängste hatten in der Praxis die Konsequenz, dass sie zwei Patentschlösser an ihrer Wohnungstür anbrachte und mit der unter ihr wohnenden Familie Adams ein Alarmsignal vereinbarte: Bei Gefahr würde sie auf den Fußboden klopfen.

In ihrem Haushalt war es zur festen Gewohnheit geworden, dass Lambie, das Dienstmädchen, allabendlich um sieben Uhr das Haus verließ und für ihre Herrin eine Abendzeitung kaufte. Nachdem sie sie ihr gebracht hatte, ging sie gewöhnlich erneut aus dem Haus, um die notwendigen Einkäufe zu erledigen. Der Abend des 21. Dezember entsprach dieser Routine. Als Lambie ihre Herrin verließ, saß diese im Esszimmer am Kamin und las eine Zeitschrift. Lambie nahm die Schlüssel mit sich, verschloss die Wohnungstür, verschloss die Eingangstür des Hauses und brauchte etwa zehn Minuten für ihre Besorgungen. Die Ereignisse dieser zehn Minuten sind es, die die Tragödie und die Rätsel beinhalten, die so bald das Aufsehen der Öffentlichkeit erregen würden.

Der Aussage des Dienstmädchens zufolge war es eine oder zwei Minuten vor sieben, als sie das Haus verließ. Etwa um sieben Uhr befanden sich Mr. Arthur Adams und seine beiden Schwestern im Esszimmer unmittelbar unter dem Raum, in dem die alte Dame zurückgelassen worden war. Plötzlich hörten sie „einen Lärm von oben, dann einen sehr schweren Sturz und dann drei scharfe Klopfzeichen". Diese Geräusche versetzten sie in Schrecken, und der junge Mann machte sich unverzüglich auf nachzusehen, ob alles in Ordnung sei. Er lief aus seiner Haustür, eilte durch den offenen Eingang, der zu den oben liegenden Wohnungen führte, erreichte den ersten Stock und fand Miss Gilchrists Wohnungstür verschlossen. Er klingelte drei Mal – keine Antwort. Von drinnen hörte er allerdings ein Geräusch, das er mit dem Brechen von Stäbchen verglich. Er dachte deshalb, dass das Dienstmädchen in der Wohnung mit ihren häuslichen Pflichten beschäftigt sei. Nachdem er ein oder zwei Minuten gewartet hatte, schien er sich überzeugt zu haben, dass alles in Ordnung sei. Er stieg deshalb die Treppe wieder hinab und kehrte zu seinen Schwestern zurück,

Miss Gilchrist und ihre Wohnung in der West Princes Street

Die wohlhabende, 82-jährige Miss Marion Gilchrist wohnte in einer Etagenwohnung im ersten Stock eines Häuserblocks namens Queen's Terrace (im Foto auf der rechten Straßenseite zu sehen) in der respektablen Glasgower West Princes Street.

Das nachfolgende Foto zeigt die Vorderfront des Hauses mit zwei Eingangstüren. Die linke, Queen's Terrace 15 (postalisch zugleich West Princes Street 49), ist der Eingang zum Treppenhaus, das zu den beiden Wohnungen im ersten und zweiten Stock führt. Zum Zeitpunkt des Mordes war die Wohnung im zweiten Stock nicht vermietet und stand frei. Wegen Miss Gilchrists großer Furcht vor Einbrechern wurde die untere linke Haustür stets verschlossen gehalten.

Nach vorne zur Straße hin lagen in Miss Gilchrists Wohnung das Esszimmer mit zwei Fenstern (im Foto auf der linken Seite) und das Wohnzimmer mit ebenfalls zwei

Fenstern (auf der rechten Seite). Die beiden Fenster in der Mitte gehörten zum Treppenhaus (links) und zu einem kleinen Abstellraum (rechts), zu dem man vom Wohnzimmer aus Zutritt hatte.

Die einzigen direkten Nachbarn Miss Gilchrists war die Familie Adams – Arthur Adams, seine fünf Schwestern und seine Mutter, allesamt Musiker –, die unter ihr im Erdgeschoss lebte. Ihre Wohnung besaß einen eigenen Eingang, Queen's Terrace 14, die Haustür rechts im Bild (postalisch zugleich West Princes Street 51).

die ihn jedoch überredeten, noch einmal hinaufzugehen. Das tat er und klingelte ein viertes Mal. Während er da so mit der Hand an der Klingel stand, angestrengt nach innen lauschte und nichts vernahm, näherte sich jemand von unten auf der Treppe. Es war das junge Dienstmädchen, Helen Lambie, das von ihrer Besorgung zurückkehrte. Die beiden beratschlagten einen Moment. Der junge Adams beschrieb das Geräusch, das sie gehört hatten. Lambie vermutete, dass die Justierrollen der Wäscheleine sich gelöst hätten. Das war eine etwas sonderbare Erklärung, denn die Küche lag nicht über dem Esszimmer der Adams, und man sollte kein lautes Geräusch vom Herabfallen einer Leine erwarten, über die Handtücher ausgebreitet waren. Allerdings handelte es sich um einen Augenblick der Aufregung, und es mag sein, dass das Mädchen die erstbeste Erklärung aussprach, die ihr in den Sinn kam. Anschließend steckte sie ihre Schlüssel in die zwei Sicherheitsschlösser und öffnete die Tür.

Jetzt folgt ein merkwürdiger kleiner Widerspruch in den Aussagen. Lambie ist zu schwören bereit, dass sie neben Adams auf der Fußmatte blieb. Adams ist gleichermaßen sicher, dass sie mehrere Schritte in die Diele zurücklegte. Diese Diele wurde von halb aufgedrehtem Gaslicht beleuchtet, das durch farbiges Lampenglas fiel und ein ausreichendes, freilich keineswegs helles Licht erzeugte. Adams erklärt: „Ich stand an der Tür auf der Schwelle, halb in der Wohnung, halb draußen, und gerade, als das Mädchen die Standuhr passierte und in die Küche gehen wollte, erschien ein gut gekleideter Herr. Ich hegte keinerlei Verdacht gegen ihn, und sie sagte nichts; und er kam sehr freundlich auf mich zu. In diesem Moment vermutete ich nichts Verdächtiges. Ich nahm an, der Mann würde mich

Begegnung mit einem Täter

Ein entscheidender Schauplatz im Fall Marion Gilchrist ist die Diele ihrer Wohnung. Drei historische Fotos geben einen Eindruck vom Ort des Geschehens.

Das erste Foto zeigt das Treppenhaus mit der Tür zu Miss Gilchrists Wohnung, vor der Arthur Adams stand und den Täter in der Wohnung hörte. Diese Eingangstür wurde von innen durch drei Schlösser gesichert, außerdem durch einen schweren Riegel und eine Vorlegekette.

Helen Lambie besaß die Schlüssel für diese Tür, so dass sie und Arthur Adams nach ihrer Rückkehr in die Diele treten konnten. Die folgenden beiden Fotos zeigen die Diele, wie sie um die Tatzeit ausgesehen hat.

Das erste Foto zeigt die Diele im Blick nach Osten. Die ganz links zu sehende Tür ist die Wohnungstür von innen, durch die Helen Lambie und Arthur Adams hereinkamen. Die geöffnete Tür in der Bildmitte führt in das Esszimmer (also in das Zimmer, das der Tatort war), die rechts zu sehende Tür in den kurzen Gang zum Küchentrakt (rechts am Ende des Ganges geht es in die Küche, hinter der Tür geradeaus im Gang verbirgt sich eine kleine Speisekammer). In der Mitte des Fotos sehen wir die Standuhr, auf deren Höhe Lambie auf dem Weg zur Küche war, als der Fremde in der Diele erschien.

Nur von der Küche aus erreichbar war übrigens ein unmittelbar hinter der Speisekammer liegendes Räumchen, das lediglich ein Bett enthielt und kaum größer war als dessen Abmessungen. Das war Helen Lambies Schlafplatz.

Das zweite Foto zeigt die gegenüberliegende Seite der Diele, also in Blickrichtung Westen.

Die links zu sehende Tür öffnete sich in einen kurzen Gang, der weiter zu den beiden Schlafzimmern von Miss

Gilchrist und zum Bad führte. Aus dieser Tür sahen Arthur Adams und Helen Lambie den Fremden in die Diele treten. Die geöffnete Tür rechts im Bild gibt einen Blick in Miss Gilchrists Wohnzimmer frei.

Zu beachten ist, dass diese beiden Fotos der Diele bei helllichtem Tag und mit weit geöffneten Türen aufgenommen wurden, was den Lichtverhältnissen, als Lambie und Adams dem Täter begegneten, nicht im Mindesten entspricht. Zur Tatzeit herrschte winterliche Abendfinsternis, so dass das einzige Licht in der Diele von der nur halb aufgedrehten Gaslampe stammte.

Ihr Lampenschirm bestand aus blauem Glas, das in eine gusseiserne Struktur eingebracht war. Die Augen des frühen 20. Jahrhunderts waren an derlei Lichtverhältnisse gewöhnt, andererseits steht ebenso fest: Die beiden Zeugen sahen den Mann in der Diele in einem gefärbten, durch die Gusseisen-Struktur schattenverstellten Halbdunkel. Wie erkennt man, ob ein Mantel hell- oder mittelgrau oder hell- oder mittelbraun oder vielleicht hell- oder mittelblau

ist, wenn er in einem Halbdunkel durch blaues Glas beleuchtet wird?

Die zunächst erstaunliche Tatsache, dass Lambie und
Adams in ihrer Täterbeschreibung selbst in einer so auffälligen Sache wie der Farbe des Mantels, den der Täter trug,
differierten, ist also durch die schwierigen Lichtverhältnisse plausibel erklärt.

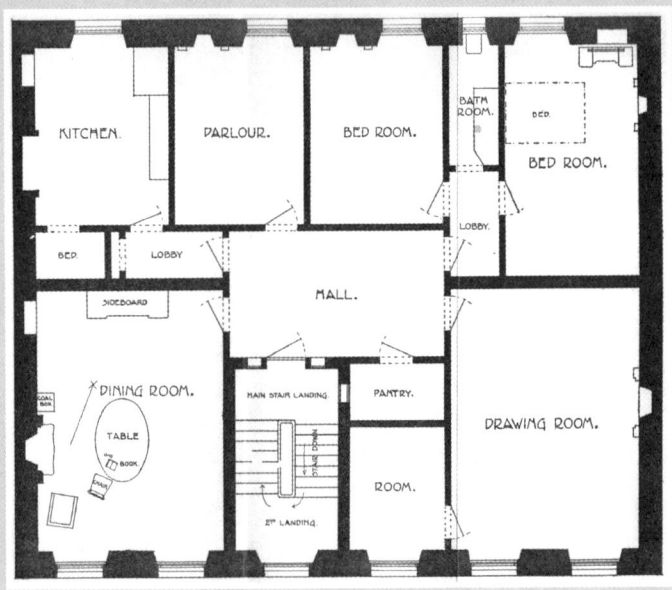

Grundriss der Wohnung von Miss Marion Gilchrist

ansprechen, doch er ging an mir vorbei, und erst da keimte ein Verdacht in mir auf, es könnte etwas nicht stimmen. Zur gleichen Zeit lief das Mädchen in die Küche, drehte das Gaslicht auf und rief, es sei alles in Ordnung – womit sie die Handtuchleinen meinte. Ich fragte: ‚Wo ist Ihre Herrin?‘, und sie ging ins Esszimmer. Sie rief aus: ‚Oh! Kommen Sie her!‘ Ich trat unverzüglich ein und sah den grässlichen Anblick.“

Der betreffende Anblick war der der armen alten Dame, die nahe dem Stuhl, auf dem das Dienstmädchen sie zuletzt gesehen hatte, auf dem Boden lag. Ihre Füße wiesen in Richtung Tür, ihr Kopf in Richtung Kamin. Sie lag auf einem Kaminvorleger, über ihr Gesicht war ein Wolltuch geworfen worden. Ihre Verletzungen waren schaudererregend, annähernd jeder Knochen ihres Gesichts und der Schädel eingeschlagen. Trotz ihrer schrecklichen Verletzungen lebte sie noch einige Minuten, bevor sie starb, zeigte jedoch kein Anzeichen von Bewusstsein mehr.

Der Mörder war aus einem der beiden Schlafzimmer am rückwärtigen Ende der Diele gekommen, und zwar dem größeren, unbenutzten, nicht dem der alten Dame. Sobald er Adams auf der Türschwelle passiert hatte – was er mit der äußersten Kaltblütigkeit tat –, rannte er sogleich die Treppe hinunter. Es war ein dunkler, regnerischer Abend, und wie es scheint, entkam er durch ein, zwei ruhige Straßen, bis er sich in den belebten Verkehrsadern verlor. Er hatte in der Wohnung der alten Dame keine Waffe oder sonst irgendetwas zurückgelassen, nichts außer einer Schachtel Streichhölzer, mit der er das Gaslicht in dem Schlafzimmer angezündet hatte, aus dem er gekommen war. Auf dem Ankleidetisch in diesem Schlafzimmer lag eine Anzahl wertvoller Gegenstände – unter anderem

Der Tatort

Miss Gilchrists Esszimmer – hier geschah der Mord. Die Leiche wurde unmittelbar vor dem Kamin liegend gefunden, der erste Mediziner, der die zu diesem Zeitpunkt gerade sterbende Miss Gilchrist untersuchte, vermutete einen der hier zu sehenden Mahagoni-Esszimmerstühle als Tatwaffe. Der Bereich um den Kamin war übersät mit Blutspritzern. Die Tür hinten links im Bild ist lediglich eine Schranktür, die Eingangstür, die von der Diele ins Esszimmer führt, ist im nachfolgenden Bild, das vom selben Standort, jedoch mit stärker nach rechts gerichtetem Blick, aufgenommen wurde, hinten rechts zu sehen.

eine Uhr –, aber keiner von ihnen war angerührt worden. Eine Schatulle, die Papiere enthielt, war mit Gewalt aufgebrochen worden, und man fand diese Papiere wild über den Fußboden verstreut. Falls er tatsächlich nach den Juwelen suchte, war er schlecht unterrichtet, denn die alte Dame bewahrte sie zwischen den Kleidern in ihrem Kleiderschrank auf. Später entdeckte man, dass eine einzelne halbmondförmige Diamantbrosche – im Wert von etwa vierzig oder fünfzig Pfund – fehlte. Sonst war nichts aus der Wohnung genommen worden. Obwohl die Möbel rund um den Ort, an dem die Leiche lag, blutbespritzt waren und man annehmen sollte, dass die Hände des Mörders voller Blutflecke sein mussten, wurden erstaunlicherweise keine Spuren auf dem halbverbrannten Streichholz gefunden, mit dem er das Gas entzündet hatte, ebenso wenig auf der Streichholzschachtel oder der Schatulle, die die Papiere enthielt, noch auf irgendeinem anderen Gegenstand sonst, den er im Schlafzimmer berührt haben mochte.

Wir kommen jetzt zur entscheidend wichtigen Frage der Beschreibung des Mannes, den Adams und Lambie aus nächster Nähe gesehen hatten. Adams war kurzsichtig und hatte seine Brille nicht dabei. Seine Aussage im Prozess lautete wie folgt:

„Der Mann war ein bisschen größer und breiter als ich, nicht gut gebaut, aber von ansehnlichem Äußerem und sauber rasiert; was einen Bart angeht, kann ich nichts beschwören, falls er einen trug, war er sehr klein. Er entsprach ziemlich dem Typ eines Handlungsreisenden oder Büroangestellten, und ich war mir nicht im Klaren, ob er möglicherweise einer ihrer Freunde sein konnte. Er trug dunkle Hosen und einen leichten Mantel. Ich könnte nicht sagen, ob er hellbraun oder grau war. Ich kann mich nicht erinnern, welche Art Hut er aufhatte. Er machte den Eindruck eines Gentlemans und war gut gekleidet. Soweit ich erkennen konnte, hielt er nichts in der Hand. Was seinen Gang angeht, ist mir nichts aufgefallen."

Helen Lambie, die andere Augenzeugin, konnte keine Angaben über das Gesicht des Fremden machen (was für Adams' Angabe zu ihrem Standort spricht) und beschränkte sich auf die Aussage, dass er einen runden Stoffhut trug, einen dreiviertellangen Mantel grauer Farbe und dass er eine gewisse Eigenart in seinem Gang aufgewiesen habe. Da der Weg, den der Mörder in Lambies Blickfeld durchmaß, mit vier Schritten zu bewältigen war und in besonderer Aufregung genommen wurde, ist schwer daran zu glauben, dass dieser letzten Information besondere Bedeutung zukommt.

Es ist unmöglich, einige Bemerkungen über Helen Lambies Verhalten während der gerade geschilderten Ereignisse zu unterdrücken. Es kann einzig durch die Annahme erklärt werden, dass ihr von jenem Moment an, in dem sie Adams draußen vor der Tür warten sah, ihr ganzes Urteilsvermögen abhandenkam. Zuerst erklärte sie das laute Geräusch, das Adams mit den Worten „Es war, als würde die Zimmerdecke einbrechen" beschrieb, mit dem Herunterfallen einer Wäscheleine und ihrer Justierrollen – was, wie man denken sollte, wohl kaum einen derartigen Lärm hervorbringen konnte. Dann behauptet sie, sie sei auf der Türschwelle stehen geblieben, während Adams überzeugt ist, dass sie in die Diele hineinging. Beim Erscheinen des Fremden brachte sie nicht die Frage „Wer sind Sie?" heraus oder zeigte irgendein anderes Anzeichen der Verwunderung, sondern ließ Adams durch ihr Schweigen in dem Glauben, es handle sich bei dem Mann um jemanden, der sich zu Recht in der Wohnung aufhielt. Und schließlich eilte sie keineswegs sofort zu ihrer Herrin, um sich zu überzeugen, dass alles mit ihr in Ordnung sei, sondern ging in die Küche, anscheinend immer noch ganz erfüllt von dem Gedanken an die Justierrollen. Sie bestätigte Adams, dass diese nicht heruntergefallen seien, so als ob das irgendein lebendes Wesen interessiert hätte; anschließend betrat sie das ungenutzte Schlafzimmer, wo sie hätte erkennen müssen, dass ein Raubüberfall stattgefunden hatte, denn schließlich lag die aufgebrochene Schatulle mitten auf dem Fußboden. Dennoch gab sie keinen Alarm – und erst, nachdem Adams ausgerufen hatte: „Wo ist Ihre Herrin?", wandte sie sich endlich in das Zimmer, in dem der Mord geschehen war. Es muss zugegeben werden, dass dies ein seltsames Verhalten zu sein scheint und lediglich erklärlich – falls man es überhaupt erklärlich finden kann –, wenn man großen Mangel an Intelligenz und Auffassungsgabe voraussetzt.

Am Dienstag, den 22. Dezember, also am Morgen nach dem Mord, verbreitete die Glasgower Polizei eine Beschreibung des Mörders, die auf den vereinten Eindrücken von Adams und Lambie basierte. Sie lautete wie folgt:

„Ein Mann von etwa 25 bis 30 Jahren, zwischen ein Meter siebzig und ein Meter fünfundsiebzig groß, schlank, dunkles Haar, sauber rasiert, bekleidet mit einem leichten grauen Mantel und einer dunklen Stoffkappe."

Drei Tage später, am Weihnachtstag, sah sich die Polizei allerdings in der Lage, eine detailliertere Beschreibung herauszugeben:

„Der gesuchte Mann ist ungefähr 28 bis 30 Jahre alt, groß gewachsen, dünn, glatt rasiert. Ein besonderes Merkmal ist die Nase, die leicht zu einer Seite gebogen ist. Der

Zeuge glaubt, dass sie zur rechten Seite gebogen ist. Der Mann trug einen der in Mode befindlichen Tweedhüte, die man unter dem Namen Donegal-Hut kennt, und einen hellbraunen Mantel, der aus wasserdichtem Stoff gewesen sein könnte, dazu dunkle Hosen und braune Stiefel."

Die neuen Einzelheiten, die diese Beschreibung enthielt, kamen von einem fünfzehnjährigen Mädchen aus bescheidenen Verhältnissen namens Mary Barrowman. Ihrer Aussage zufolge kam die Zeugin kurz nach sieben Uhr an jenem unheilvollen Abend am Ort der Tat vorbei. Sie sah einen Mann eilig die Außentreppe hinablaufen, und er kam unmittelbar im Schein einer Straßenlaterne an ihr vorbei. Das helle Licht machte ihn klar kenntlich. Er rannte, rempelte in seiner Hast die Zeugin an und verschwand um eine Ecke. Als sie später von dem Mord hörte, brachte sie das, was sie gesehen hatte, damit in Zusammenhang. Ihre Erinnerung an den Mann war, wie sie in der Beschreibung wiedergegeben ist, und der graue Mantel und der Stoffhut der ersten beiden Zeugen wurden zugunsten des hellbraunen Mantels und des runden Donegal-Huts des jungen Mädchens aufgegeben.

Da ihr keine Besonderheit des Gangs aufgefallen war und den ersten beiden Zeugen keine der Nase, bleiben zwischen den Beschreibungen als einzige Gemeinsamkeiten „glatt rasiert", „schlanke Figur" und das ungefähre Alter übrig.

Am Abend des Weihnachtstages bekam die Polizei schließlich einen ernstzunehmenden Anhaltspunkt. Es wurde ihr zur Kenntnis gebracht, dass ein deutscher Jude mit dem angenommenen Namen Oscar Slater versucht hatte, einen Pfandleihschein über eine halbmondförmige Diamantbrosche zu veräußern, die etwa den Wert der fehlenden besaß, und dass er im Großen und Ganzen der veröffentlichten Beschreibung entsprach. Diese Spur erschien umso vielversprechender, als man beim unangekündigten Besuch der Wohnung, in der dieser Mann und seine Geliebte lebten, erfuhr, dass sie am selben Abend Glasgow mit dem Neun-Uhr-Zug verlassen hatten, mit Fahrkarten (darüber gab es widerstreitende Aussagen) entweder nach Liverpool oder London.

Drei Tage später erfuhr die Polizei in Glasgow, dass das Paar tatsächlich am 26. Dezember auf dem Dampfer „Lusitania" nach New York abgefahren war, und zwar unter den Namen Mr. und Mrs. Otto Sando.

Es muss darauf hingewiesen werden, dass die Glasgower Polizei in ihrem diesbezüglichen Vorgehen eine bemerkenswerte Langsamkeit an den Tag legte. Die ursprüngliche Information hatte sie kurz nach sechs Uhr im Polizeihauptquartier aufgenommen, und ein Kriminalbeamter holte bereits um sieben Uhr dreißig Erkundigungen bei Slaters Wohnung ein, ohne ihn anzutreffen. Aber niemand kam auf die Idee, die Wohnung anschließend zu überwachen, was Slater erlaubte, zwischen acht und neun Uhr unbefragt und unverfolgt abzureisen. Noch befremdlicher waren die Versäumnisse bezüglich der Abreise aus Liverpool. Man wusste, dass er am Freitagabend mit dem Zug nach Süden abgefahren war. Ein großes Linienschiff legt am Samstag in Liverpool ab. Man sollte annehmen, dass früh am Samstagmorgen Schritte eingeleitet wurden, die ihm die Flucht unmöglich machen würden. Tatsächlich aber wurde nichts unternommen – was, wie sich herausstellte, der Sache der Gerechtigkeit nützte, denn es hatte die Auswirkung, dass zwei Justizprozesse notwendig wurden, ein amerikanischer und ein schottischer, was einen interessanten Vergleich zwischen den jeweiligen Aussagen der Hauptzeugen erlaubt.

Oscar Slater wurde sofort bei seiner Ankunft in New York verhaftet und sein Gepäck, das aus sieben Koffern bestand, in Gewahrsam genommen und versiegelt. Oberflächlich betrachtet sah die Sache nicht gut für ihn aus, denn ohne jeden Zweifel hatte er eine Diamantbrosche bei einem Pfandleiher versetzt und war anschließend unter falschem Namen nach Amerika geflohen. Die Glasgower Polizei hatte Grund genug zu glauben, sie hätte ihren Mann gefasst. Zwei Beamte – in Begleitung der Hauptzeugen Adams, Lambie und Barrowman, die ihn identifizieren sollten – brachen sogleich auf, um die Auslieferungsverhandlungen abzuwickeln und den Verdächtigen zurückzubringen, damit er für seine Tat zur Rechenschaft gezogen werden könne.

Vor Gericht in New York konnten sie den Angeklagten zum ersten Mal genau betrachten, und jeder einzelne von ihnen äußerte die Meinung – in Formulierungen, die später noch beschrieben werden –, dass er der Person, die sie in Glasgow gesehen hatten, mindestens außerordentlich ähnele. Freilich litt ihre Identifizierung unter dem Makel der Tatsache, dass Adams und Barrowman Fotografien von ihm gezeigt wurden, bevor sie den Verhandlungssaal betraten, und dass er – als offensichtlicher Angeklagter – an den Zeugen vorbeigeführt worden war, während sie im Korridor warteten. Aber wie sehr man auch den Wert der Identifizierungsaussagen gemindert sieht, es kann nicht in Abrede gestellt werden, dass alle Zeugen eine große Ähnlichkeit zwischen dem Mann, den sie vor sich sahen, und dem Mann, den sie in Glasgow gesehen hatten, feststellten.

Zug um Zug war der Fall für den Angeklagten immer bedrohlicher geworden. Jeder Zweifel, was die Auslieferung betraf, wurde durch die Ankündigung des Angeklagten ausgeräumt, dass er bereit sei, nach Schottland zurückzukehren und sich seinem Prozess zu stellen. Man mag es vielleicht ablehnen, ihm dies allzu hoch anrechnen zu wollen, zumal er vielleicht überzeugt wurde, dass die Dinge nicht gut liefen, aber es bleibt eine Tatsache – und sie wurde, soweit ich das übersehen kann, im nachfolgenden Prozess niemals erwähnt –, dass er sich aus freien Stücken der Justiz auslieferte.

Am 21. Februar war Slater wieder zurück in Glasgow, und am 3. Mai fand sein Prozess vor dem Hohen Gericht in Edinburgh statt.

Aber mittlerweile war dem Fall seine Grundlage entzogen worden. Der Ausgangspunkt, von dem aus alles wie eine unausweichliche Kette aussah, war weggebrochen. Wir erinnern uns, dass sich der Anfangsverdacht gegen Slater durch die Tatsache begründete, dass er eine Diamantbrosche versetzt hatte. Man fand bei ihm den Leihschein, und die Brosche wurde begutachtet. Es war keineswegs diejenige, die aus der Wohnung der ermordeten Frau verschwunden war, und sie gehörte Slater bereits seit Jahren und war einige Male zuvor von ihm ins Leihhaus gebracht worden. Dies konnte zweifelsfrei und ohne Irrtumsmöglichkeit bewiesen werden. Die Sache sah folgerichtig für die Polizei danach ziemlich verzweifelt aus, denn selbst wenn Slater in der Tat schuldig gewesen wäre, bedeutete es, dass sie durch puren Zufall den richtigen Mann verfolgt hatten. Das Zusammentreffen eines derart unwahrscheinlichen Umstands hätte die Grenzen jeglicher Glaubwürdigkeit überschritten.

Oscar Slater

Oscar Slater hieß eigentlich Oscar Joseph Leschziner, unter diesem Namen wurde er am 8. Januar 1872 als Sohn eines jüdischen Bäckermeisters in Oppeln in Schlesien geboren. Er machte eine Lehre und arbeitete später als Bankange-stellter in Hamburg. Als die Zeit des Militärdienstes auf ihn zukam, zog er es vor, lieber ins Ausland zu gehen, zuerst nach Großbritannien, wo er bald in London, bald in Edinburgh oder Glasgow lebte, später zeitweilig in die USA. Er schlug sich als Buchmachergehilfe, Spielclubleiter und Edelsteinverkäufer, meist auf Provisionsbasis, durch.

In Glasgow heiratete er 1901 eine Schottin, doch die Ehe blieb freudlos. Slater warf seiner Frau Verschwendung und Alkoholismus vor und suchte das Weite, stets in Furcht vor ihren Nachstellungen und finanziellen Forderungen.

Wenig später lernte er in London eine Französin mit Namen Andrée Junio Antoine kennen. mit der er seither zusammenlebte. Sie gingen für einige Jahre nach New York, wo Slater für einen Club in Manhattan arbeite-te, danach kehrten sie nach Großbritannien zurück. Am 29. Oktober 1908 kam Slater in Glasgow an und suchte eine Wohnung, im November bezogen er, seine Partnerin und ihre Bedienstete Katharina Schmalz eine Wohnung in der St. George's Road 69.

Das nachstehende Foto zeigt Andrée Junio Antoine.

Abgesehen von dieser niederschmetternden Tatsache hatten sich zudem diverse weitere Verdachtspunkte der Ermittlungen als wertlos erwiesen. Zuerst hatte es den Anschein gehabt, als sei Slaters Abreise plötzlich und überstürzt erfolgt – die Flucht eines schuldigen Mannes. Rasch zeigte sich, dass dem nicht so war. In den Bohème-Klubs, in denen er verkehrte – von Beruf war er ein unbedeutender Juwelier und ein Mann von schlechtem Ruf, freilich nicht in einem kriminellen Sinne –, wusste man bereits Wochen vor dem Tag des Verbrechens, dass er beabsichtigte, Geschäftsfreunde in Amerika aufzusuchen. Korrespondenz wurde vorgelegt, in der die diesbezüglichen Arrangements für seine Auswanderung lange vor dem Verbrechen getroffen worden waren; freilich sollte man hinzufügen, dass die tatsächliche Festsetzung des Datums und der Kauf der Reisetickets zeitlich unmittelbar nach der Tragödie erfolgten.

Diese Beschleunigung der Abreise verdient sicherlich eine gewissenhafte Untersuchung. Gemäß der Aussagen seiner Geliebten und seiner Bediensteten hatte Slater am Morgen des 21. Dezember zwei Briefe erhalten. Keiner von beiden wurde während des Prozesses vorgebracht. Der eine, hieß es, sei von einem Mr. Rogers gewesen, einem Freund Slaters aus London, der ihm mitteilte, dass Slaters Frau ihm Scherereien wegen Geld mache. Der zweite sollte von einem gewissen Devoto sein, einem früheren Partner Slaters, der ihn einlud, zu ihm nach San Francisco zu kommen. Selbst wenn die Briefe nicht mehr vorhanden waren, sollte man meinen, dass die Aussagen bezüglich dieser Schreiben für Anklage und Verteidigung eine Rolle gespielt hätten. Sie sind von bemerkenswerter Wichtigkeit, weil sie die Gründe erklären, warum Slater eine Abreise vorverlegte, die zuvor für den Januar angekündigt worden war. Aber meines Wissens wurde diese Sache im Prozess nicht genauer behandelt.

Für eine Anklage sah es ebenfalls nicht gut aus, dass die sieben Gepäckkoffer, die die ganze Habschaft des Beschuldigten enthielten, nichts von Bedeutung lieferten. Man stieß auf einen Filzhut und zwei Stoffhüte, aber keiner entsprach dem Donegal-Modell der ursprünglichen Beschreibung. Ein hellfarbener, wasserdichter Mantel befand sich unter seinen Kleidungsstücken. Falls der Mörder die Tatwaffe in seiner Manteltasche fortgebracht hatte – und es ist schwierig, sich vorzustellen, wie er es sonst getan haben sollte –, müsste eine Tasche, sollte man meinen, innen blutverkrustet sein, denn das Verbrechen lief ja ausgesprochen blutig ab. Keine derartigen Spuren wurden entdeckt, und was die Waffe selbst betrifft, war die Polizei auch nicht glücklicher. Es ist wahr, dass man einen Hammer in einem der Koffer fand, aber es erwies sich eindeutig, dass er in einem dieser billigen Werkzeugsets für eine halbe Krone gekauft worden war und es sich um ein ebenso leichtes wie gebrechliches Instrument handelte – nach Maßgabe des gesunden Menschenverstandes völlig ungeeignet, die schrecklichen Verletzungen zu verursachen, die den Schädel der alten Dame zertrümmert hatten. Die Anklage behauptet, er habe Zeichen gezeigt, abgekratzt oder gereinigt worden zu sein, aber dies hat die Verteidigung vehement abgestritten, und die Polizei schien sich nicht die Mühe des entscheidenden Tests gemacht zu haben, das Metallteil zu lösen, unter dem sich – hätte es sich tatsächlich um die Waffe gehandelt – Reste von geronnenem Blut im Holz unter den Rändern des Eisens gefunden hätten. Aber ein Blick auf eine Abbildung dieser schwächlichen Waffe würde jede unparteiische Person überzeugen, dass jegliche Aufgabe, die über das Anbringen eines Zinnnagels oder das Zerkleinern eines Kohlestückchens hinausging, jenseits seiner Kraft lag. Gerechterweise kann festgestellt werden, dass die drei Hauptpunkte – die versetzte Diamantbrosche, die angebliche Flucht und das vermeintliche Vorhandensein der gesuchten Kleidung und Tatwaffe – in sich zusammengebrochen oder zumindest in ihrer Bedeutung drastisch gemindert waren, bevor der Prozess begann.

Sehen wir uns nun an, was dem gegenüberstand. Der Beweisführung der Anklage blieben zwei Gruppen von Identifizierungszeugen. Die erste Gruppe bestand aus denen, die tatsächlich den Mörder gesehen hatten, aus Adams, Helen Lambie und dem jungen Mädchen Barrowman. Der zweiten Gruppe gehörten zwölf Leute an, denen zu verschiedenen Zeiten vor der Tat ein Mann auf der Straße, in der Miss Gilchrist wohnte, aufgefallen war, der sich in irgendwie verdächtiger Weise vor dem Haus aufgehalten hatte. Von diesen waren alle bereit – manche mit Überzeugung, die meisten mit Zurückhaltung und Zaudern –, den Beschuldigten als jenen unbekannten Mann zu identifizieren. Allerdings konnte die Polizei eine ganz entscheidende Sache nie aufzeigen: die allergeringste Verbindung zwischen Slater und Miss Gilchrist oder irgendeine Erklärung, wie ein Fremder in Glasgow von der Existenz, geschweige denn von dem Reichtum, einer zurückgezogen lebenden alten Dame Kenntnis erhalten sollte, die wenige Bekannte besaß und selten ihre geschützte Wohnung verließ.

Es ist allgemein bekannt, dass Aussagen zur Identifizierung schwere Tücken in sich bergen. Im Fall Beck gab es, wenn ich mich richtig erinnere, sage und schreibe zehn Zeugen, die den wirklichen Verbrecher unter normalen Umständen gesehen hatten, und doch waren sie alle bereit, auf die Schuld eines falschen Mannes zu schwören. Im Fall Oscar Slater sahen die ersten drei Zeugen ihren Mann unter Bedingungen großer Aufregung, während die zweite Gruppe den sich auf der Straße aufhaltenden Mann unter verschiedenen Lichtbedingungen und in einer Weise sah, die stets mehr oder minder beiläufig war. Es ist angesichts des Gewichts, das auf diesen Aussagen liegt, notwendig, sie mit großer Sorgfalt zu untersuchen. Beginnen wir mit den drei Leuten, die tatsächlich den Mörder sahen.

Von Anfang an gab es einige Diskrepanzen zwischen ihnen, und wie bereits aufgezeigt wurde, modifizierte man die Suchbeschreibung, die aufgrund der Angaben von Adams und Lambie publiziert worden war, nach Barrowmans Informationen.

Adams und Lambie beschrieben den Mann so: „Ein Mann von etwa 25 bis 30 Jahren, zwischen ein Meter siebzig und ein Meter fünfundsiebzig groß, schlank, dunkles Haar, sauber rasiert, bekleidet mit einem leichten grauen Mantel und einer dunklen Stoffkappe."

Nach den Aussagen Barrowmans lautete die Beschreibung folgendermaßen:

„28 bis 30 Jahre alt, groß gewachsen, dünn, glatt rasiert, die Nase leicht zu einer Seite gebogen. Trug einen der in Mode befindlichen runden Tweedhüte, die man unter dem Namen Donegal-Hut kennt, und einen hellbraunen Mantel, der aus wasserdichtem Stoff gewesen sein könnte, dazu dunkle Hosen und braune Stiefel."

Abgesehen von den Hinzufügungen in der zweiten Beschreibung wird man erkennen, dass es zwei offensichtliche Abweichungen gibt: die Form des Hutes und die Farbe des Mantels.

Inwieweit trafen die jeweiligen Beschreibungen auf Sla-

ter zu? Es soll hier festgehalten werden, dass der Angeklagte 37 Jahre alt war, mehr als mittelgroß, dass seine Nase
nicht gebogen war, sondern an ihrem Ende abgeflacht, als
wäre sie einmal gebrochen gewesen, und schließlich, dass
acht Zeugen aufgerufen wurden und aussagten, dass der
Beschuldigte am Tag des Mordes einen kurzen, aber sichtbaren Bart getragen habe.

Ich habe Wort für Wort stenographierte Berichte der
Verhandlungen in New York und in Edinburgh vorliegen,
freundlicherweise zur Verfügung gestellt von Shaughnessy & Co., Glasgower Anwälten, die nach wie vor für die
Sache ihres unglücklichen Klienten kämpfen. Ich werde im
Folgenden den genauen Wortlaut der Identifizierungsaussagen vor beiden Gerichten vergleichen:

Helen Lambie in New York am 26. Januar 1909:

Frage: „Sehen Sie hier jenen Mann, den Sie damals ge-
    sehen haben?"
Antwort: „Einer sieht sehr verdächtig aus, wenn über-
    haupt."
Frage: „Beschreiben Sie ihn."
Antwort: „Die Kleidung, die er an jenem Abend trug,
    hat er heute nicht an – und sein Gesicht konnte ich
    nicht sehen. Ich habe das Gesicht nie gesehen."

(Nachdem sie eine Auffälligkeit des Gangs beschrieben
hatte, wurde sie gefragt:)

Frage: „Ist dieser Mann im Raum?"
Antwort: „Ja, das ist er, Sir."
Frage: „Zeigen Sie auf ihn."
Antwort: „Ich würde ungerne …"

Der Fall Adolf Beck

Können sich Zeugen in zweistelliger Zahl bei der Identifizierung eines Täters, mit dem sie zum Teil stundenlange Begegnungen hatten und den sie in der eigenen Wohnung empfingen, irren? Der gesunde Menschenverstand hält das für unmöglich. Die Realität beweist das Gegenteil.

Im März 1896 wurde in London Adolf Beck (1841–1909) vor Gericht gestellt. Die Anklage lautete, dass er sich in Dutzenden von Fällen als ein Lord Willoughby oder ein Earl Wilton ausgegeben und Frauen bestohlen und finanziell betrogen habe. Zweiundzwanzig Frauen hatten sich als Opfer solcher Trickbetrügereien gemeldet, zehn der Frauen und zwei Polizeibeamte identifizierten Adolf Beck vor Gericht mit Sätzen wie „Ich habe den Angeklagten augenblicklich wiedererkannt" oder „Ich habe nicht den Schatten eines Zweifels, dass er der Mann ist" eindeutig als den Täter. Demgegenüber stand lediglich eine einzige Zeugin, die sicher erklärte, Beck sei nicht jener Mann. Aufgrund dieser Beweislast wurde Beck zu sieben Jahren Gefängnis verurteilt.

Allerdings stellten sich bei späterer genauer Untersuchung immer mehr Widersprüche und Ungereimtheiten ein. Der Anklage zufolge war Beck seit zwanzig Jahren aktiv und hatte einen Teil seiner Taten unter dem Namen John Smith begangen. Einige datierten freilich aus einer Zeit, als Beck, wie er während des Prozesses bereits erklärt hatte, in Südamerika lebte.

Der Schriftsteller und Journalist George Robert Sims machte sich für eine Neuuntersuchung des Falles stark. Der dadurch entstehende Druck der Öffentlichkeit führte zwar nicht zu einer Überprüfung des ursprünglichen Verfahrens, wohl aber zu einer auf Bewährung ausgesprochenen vorzeitigen Entlassung Becks aus dem Gefängnis.

Wenige Jahre später wiederholte sich der Vorgang jedoch. Erneut wurde Beck beschuldigt, Frauen bestohlen zu haben, im Juni 1904 wurde er zum zweiten Mal vor Gericht gestellt, nachdem ihn fünf Frauen eindeutig als Täter identifiziert hatten.

Die Geschworenen befanden Beck für schuldig, doch Richter Justice Grantham zögerte die Fällung eines Urteils hinaus – wie er später bekannte, nicht aus rationalen Gründen, sondern weil er aus einer Intuition heraus große Zweifel hegte.

Auf diese Weise wurde noch vor der Urteilsverkündung im Fall Beck ein gewisser William Thomas bei einem vergleichbar gelagerten Delikt auf frischer Tat ertappt und verhaftet. Bei näherer Untersuchung stellte sich heraus, dass Thomas' wirklicher Name Wilhelm Meyer lautete und er unter Verwendung zahlreicher verschiedener Pseudonyme Frauen bestohlen hatte. Gewisse Ähnlichkeiten in der Gesamterscheinung zwischen Wilhelm Meyer und Adolf Beck führten dazu, dass neue Gegenüberstellungen veranlasst wurden. Alle zur Verfügung stehenden Zeuginnen identifizierten daraufhin Meyer als Täter, darunter auch jene Zeugin, die Beck im ersten Prozess entlastet hatte.

Adolf Beck hatte nicht eine einzige der ihm ursprünglich zur Last gelegten Taten begangen, war aber von siebzehn Zeugen eindeutig als Täter identifiziert worden. Er hatte unschuldig mehr als fünf Jahre im Gefängnis verbracht und stand unmittelbar davor, erneut für die Verbrechen eines anderen verurteilt zu werden.

Der Fall und die beiden Prozesse erregten in Großbritannien großes Aufsehen. Die Londoner Polizei wurde unter anderem wegen der schlampigen Durchführung der Gegenüberstellungen angegriffen. Allerdings waren die Gegenüberstellungen im Fall Slater noch deutlich schlampiger als jene der Londoner Polizei.

Arthur Conan Doyle kannte die Umstände und Hintergründe des Falles aus erster Hand, auch als Mitglied eines Londoner Klubs mit Namen „Our Society", der allerdings unter dem weit griffigeren Titel „Crimes Club" Berühmtheit erlangte. Er wurde 1904 gegründet und hatte zunächst zwölf Mitglieder, die direkt beruflich oder als Journalisten und Schriftsteller ein besonderes Interesse an Verbrechen und Verbrechensbekämpfung besaßen. Neben Arthur Conan Doyle gehörten ihm auch die Kollegen George R. Sims, Alfred E. W. Mason und Max Pemberton an. Die Sitzungen wurden legendenumwoben, weil sie geheim und streng vertraulich gehalten wurden. Freilich war daran grundsätzlich nichts Mysteriöses, sonders dies der Tatsache geschuldet, dass in den Sitzungen detailreiche Ermittlungsergebnisse, personenbezogene Hintergründe sowie Beweisstücke von Kriminalfällen erörtert wurden, die der Öffentlichkeit nicht zugänglich gemacht werden durften. Eine dieser Sitzungen betraf den Fall Beck, der das Vertrauen in das britische Polizeiwesen und Rechtssystem stark erschütterte. Naturgemäß wurde in Fachkreisen die Bedeutung von Identifizierungsaussagen nach dieser Erfahrung neu und mit größerer Skepsis betrachtet.

„Selbst wenn man gewisse Rachegefühle in Anrechnung bringt", schreibt Henry Brodribb Irving zum Fall Beck in *Letzte Studien zur Kriminologie* (1921), „die diese Zeugen vielleicht zu eilfertig dazu brachten, in Beck einen herzlosen Betrüger erkennen zu wollen, sind deren Aussagen doch ein erschreckender Beweis dafür, wie fragwürdig, von wenigen außergewöhnlichen Umständen einmal abgesehen, Identifizierungen als Beweismittel sind. Abgesehen von der Tatsache, dass beide Männer einen grauen Bart hatten, gab es wenig bis gar keine Ähnlichkeit zwischen ihnen beiden. Einer von ihnen sprach ein perfektes Englisch, der andere mit stark ausländischem Akzent. Und dennoch fanden sich zehn Frauen in aller Ehrlichkeit bereit zu beschwören, dass ein unschuldiger Mann ein Dieb und Betrüger ist."

Das Foto zeigt den Beschuldigen Adolf Beck (oben) und den tatsächlichen Täter Wilhelm Meyer (unten).

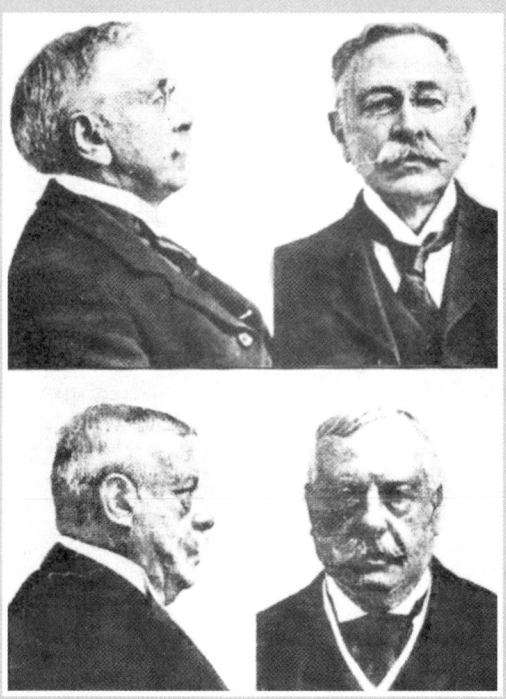

(Nach einigem Drängen und Hin und Her deutete sie auf Slater, der zuvor zwischen zwei Beamten im Korridor an ihr vorbeigeführt worden war, wobei sowohl sie als auch Barrowman ausgerufen hatten: „Das ist der Mann", beziehungsweise: „Ich könnte fast beschwören, dass das der Mann ist".)

> Frage: „Haben Sie nicht gesagt, dass Sie das Gesicht des Mannes nicht sehen konnten?"
> Antwort: „Das habe ich auch nicht. Ich habe ihn an seinem Gang erkannt."

Der Leser sollte sich an dieser Stelle noch einmal vor Augen führen, dass Lambies einzige Gelegenheit, den Gang des Mannes zu beobachten, in jenen etwa vier Schritten im Flur von Miss Gilchrists Wohnung lag. Slaters Gang zeigte übrigens keinerlei Besonderheit.

Kommen wir nun zu Helen Lambies Identifizierungsaussage in Edinburgh am 9. Mai 1909:

> Frage: „Woran haben Sie ihn in Amerika erkannt?"
> Antwort: „An seinem Gang und an seiner Größe, seinem dunklen Haar und der Seite seines Gesichts."
> Frage: „In Amerika waren Sie sich zuerst nicht so sicher?"
> Antwort: „Doch, ich war mir sicher."
> Frage: „Warum haben Sie gesagt, Sie hätten lediglich einen Verdacht?"
> Antwort: „Das war ein Fehler."
> Frage: „Was haben Sie in Amerika gemeint, als Sie sagten, dass Sie nie sein Gesicht gesehen hätten, während sie es tatsächlich doch insoweit gesehen haben

mussten, dass es Ihnen half, sich daran zu erinnern? Was haben Sie gemeint?"

Antwort: „Nichts."

Während des weiteren Kreuzverhörs erklärte sie, dass sie, als sie sagte, sie hätte nie das Gesicht des Mannes gesehen, gemeint hätte, sie hätte es nie von vorne gesehen, sondern lediglich von der Seite.

Es fällt auf, dass sich Helen Lambies Aussage während der drei Monate, die zwischen der Verhandlung in New York und dem Prozess in Edinburgh lagen, enorm verhärtet hatte. In einem derart aggressiv eilfertigen Gemütszustand zeigte sie sich bei letzterer Gelegenheit, dass sie, als ihr Slaters Mantel gezeigt und sie gefragt wurde, ob er dem des Mörders ähnele, dem Fragesteller gleich zweimal ins Wort fiel mit „Das ist der Mantel", obwohl er zu diesem Zeitpunkt noch nicht einmal entrollt worden und keineswegs hellgrau war, wie sie bei ihrer ersten eigenen Beschreibung angegeben hatte. Wenn es um die Aussagen von Lambie und Adams geht, sollten wir uns daran erinnern, dass sie sogar in einer so simpel festzustellenden Sache wie ihrem eigenen Verhalten, nachdem die Wohnungstür geöffnet wurde, völlig uneins waren. Adams schwor, dass Lambie bis fast zum hinteren Ende der Diele gegangen sei, und Lambie, dass sie auf der Türschwelle stehen geblieben sei. Ohne entscheiden zu wollen, wer recht hat, ist doch klar, dass dieser Umstand das Vertrauen in entweder den einen oder den anderen Zeugen erschüttert.

Adams machte seine Aussage mit Bedachtsamkeit, und sie blieb in ihrer Substanz in Amerika und in Schottland die gleiche. Auf Slater zeigend, stellte er fest:

„Ich kann es nicht mit Gewissheit sagen. Dieser Mann
   ist ihm auf alle Fälle nicht unähnlich."
Frage: „Ist Ihnen eine gebogene Nase aufgefallen?"
Antwort: „Nein."
Frage: „Gab es in seinem Gang irgendetwas Auffälliges?"
Antwort: „Nein."
Frage: „Sie schwören nicht, dass dies der Mann ist, den
   Sie sahen?"
Antwort: „Nein, Sir. Er ähnelt dem Mann, mehr kann
   ich nicht sagen."

Auf die vergleichbaren Fragen antwortete er in Edinburgh:

„Ich möchte lieber nicht beschwören, dass er der Mann
   ist. Ich bin ein bisschen kurzsichtig. Er sieht dem
   Mann sehr ähnlich."

Barrowman, das fünfzehnjährige Mädchen, hatte den
vermutlichen Mörder auf der Straße gesehen und unter einer Gaslaterne an einem nassen Dezembertag einen
flüchtigen Blick auf ihn geworfen – schwierige Umstände
für eine Identifizierung. In New York gebrauchte sie die
Formulierung: „Dieser Mann hier ist ein bisschen wie er",
die sie später in „sehr wie er" umwandelte. Sie gab zu,
dass ihr – kurz bevor sie in den Gerichtssaal kam – ein
Foto des Mannes gezeigt wurde, von dem man erwarte-
te, dass sie ihn identifizieren würde. Das einzige Merkmal,
an dem sie den Mann angeblich wiedererkannte, bestand
in der gebogenen Nase. Diese gebogene Nase fiel anderen
kaum mehr auf als die Besonderheit des Gangs, der Helen
Lambie solchen Eindruck machte, dass sie ihn nach einem
halben Dutzend Schritten mit voller Überzeugung identifi-

zierte. Wie Lambie war auch Barrowman sich ihrer Sache in Edinburgh sehr viel sicherer als in New York. Je weiter sie sich zeitlich von dem Ereignis entfernten, desto schärfer wurde anscheinend die Erinnerung. „Ja, das ist der Mann, der mich an jenem Abend anrempelte", stellte sie fest. Bemerkenswerterweise schworen beide jungen Frauen, Lambie ebenso wie Barrowman, dass sie – obwohl sie zusammen nach New York reisten und sogar dieselbe Kabine teilten – nicht ein einziges Mal über den Zweck ihres Auftrags gesprochen oder ihre Wahrnehmung des Mannes, den sie identifizieren sollten, verglichen hätten. Für junge Frauen des betreffenden Alters von fünfzehn und einundzwanzig Jahren bildet dies gewiss ein einzigartiges Beispiel von Selbstbeherrschung.

Dies sind also die drei Identifizierungsaussagen der einzigen Leute, die den Mörder sahen. Wäre die Spur der Diamantbrosche nicht ins Leere gelaufen und würden diese Identifizierungen ihr noch zusätzlich hinzukommen, könnte man sie zweifellos als starke Bestätigung werten. Aber da sich die Spur der Brosche als Irrläufer erwies, leuchtet mir nicht im Mindesten ein, wie irgendjemand derart halbherzige Aussagen als ausreichend erachten konnte, Identität und Schuld des Angeklagten darauf zu gründen.

Es verbleibt die sogenannte Identifizierung durch zwölf Zeugen, denen in den Wochen vor dem Verbrechen ein Mann auf der Straße aufgefallen war. Ich habe die Formulierung „sogenannte" gewählt, weil die Vorgänge eine Farce und keine ernstzunehmenden Ermittlungen waren. Die Zeugen hatten Abbildungen des Angeklagten gesehen. Sie waren sich nur allzu bewusst, dass es sich um einen Ausländer handelte, und dann waren sie gebeten worden, seine dunkle jüdische Erscheinung aus neun Glasgower

Polizisten und zwei Eisenbahnbeamten herauszusuchen. Wenig überraschend taten sie es ohne Zögern, denn dieser Mann ähnelte dem dunklen Aussehen des Mannes, den sie gesehen und beschrieben hatten, mehr, als die anderen es tun konnten.

Man lese freilich ihre eigenen Beschreibungen des Mannes, den sie gesehen hatten, inklusive der Details zu seiner Kleidung, und man wird sehen, dass sie sich einerseits in vieler Hinsicht untereinander und andererseits in ebenso vieler Hinsicht von Slater unterscheiden.

Hier ist eine Zusammenstellung ihrer Eindrücke:

Mrs. McHaffie: „Dunkel, mit Bart, heller Mantel, nicht von der wasserfesten Sorte, karierte Hose, Gamaschen. Schwarzer Bowler-Hut. Nase normal."

Miss M. McHaffie hatte den Mann zur selben Zeit gesehen und gab dieselbe Beschreibung ab. Sie war allerdings zuerst nur bereit zu sagen, es gebe eine gewisse Ähnlichkeit, erklärte dann aber, sie habe „nachgedacht und den Schluss gezogen, es ist der Mann".

Miss A. M. McHaffie teilte die zuvor gegebene Beschreibung. Sie hatte den Mann sprechen hören und keinen Akzent bemerkt. (Der Angeklagte sprach mit starkem deutschem Akzent.)

Madge McHaffie, die ebenfalls zur selben Familie gehört: „Dunkel, mit Bart, Nase normal. Karierte Hose, hellbrauner Mantel und Gamaschen. Schwarzer Bowler-Hut." Der Angeklagte sei dem Mann recht ähnlich gewesen.

Was die Identifizierungsaussagen dieser vier Zeugen betrifft, ist festzustellen, dass man weder karierte Hosen, noch Gamaschen im Gepäck des Angeklagten gefunden hatte. Da der Mörder den Beschreibungen zufolge dunkle Hosen trug, gibt es keinen erkennbaren Grund, warum diese Kleidungsstücke, wenn sie Slater gehörten, vernichtet worden sein sollten.

Schutzmann Brien behauptete, den Angeklagten vom Sehen her zu kennen. Er sei der Mann gewesen, den er in der Straße habe stehen sehen. Heller Mantel und ein Hut. Es sei eine Woche vor dem Verbrechen gewesen, und der Angeklagte habe siebzig Meter vom Ort der Tat entfernt gestanden. Bei der Gegenüberstellung erkannte Brien ihn unter fünf Schutzmännern als den Mann, den er gesehen hatte.

Schutzmann Walker hatte den Mann von der anderen Straßenseite aus gesehen, niemals näher, und erst nach Einbruch der Dunkelheit im Dezember. Er dachte zuerst, es handle sich um jemand anderen, den er kannte. Er hatte gehört, dass der Mann, den er identifizieren sollte, von ausländischem Aussehen sei. Bei der Gegenüberstellung erkannte er ihn unter einer Anzahl von Kriminalbeamten. Der Mann, den er gesehen hatte, trug einen Bart.

Euphemia Cunningham: „Sehr dunkel, bleich, schwerfällige Erscheinung. Glatt rasiert. Nase normal. Dunkler Tweedmantel, grüne Schirmmütze."

W. Campbell war in Begleitung der vorherigen Zeugin und bestätigte ihre Aussage. Er sah eine allgemeine Ähnlichkeit zwischen dem Angeklagten und dem Mann, konnte ihn aber nicht wirklich identifizieren.

Alex Gillies: „Bleich, dunkelhaarig und glatt rasiert. Hellbrauner Mantel. Mütze." Der Angeklagte ähnele dem Mann, erklärte Gillies, konnte aber nicht bestätigen, dass es derselbe sei.

R. B. Bryson: „Schwarze Jacke und Weste. Schwarzer Bowler-Hut. Kein Mantel. Nach unten gebogener, schwarzer Bart. Bleich, fremdländisch." Dieser Zeuge hatte den

Mann am Abend vor dem Mord gesehen, wie er anscheinend hinauf zu Miss Gilchrists Fenstern blickte.

A. Nairn: „Breite Schultern, langer Nacken. Dunkles Haar. Fahrerhaube. Heller, knielanger Mantel. Hab' nie das Gesicht des Mannes gesehen. Oh! Ich werde es nicht beschwören, aber ich bin sicher, dass er der Mann ist, den ich gesehen habe – aber beschwören werde ich es nicht."

Mrs. Liddell: „Auffällige Nase. Sauberer Teint, nicht bleich. Dunkel, glatt rasiert, braune Tweedmütze. Brauner, gesäumter Tweedmantel. Angenehmes Äußeres, recht gedrungen wirkend." Sie glaubte, dass der Angeklagte jener Mann sei. Sie sah ihn unmittelbar vor dem Mord auf der Straße.

Dies sind jene zwölf Zeugen, die den mysteriösen Fremden auf der Straße identifizieren sollten. Freilich: Es gibt nicht den geringsten Hinweis darauf, dass dieser Mann auf der Straße überhaupt etwas mit dem Mord zu tun hatte. Es ist ebenso wahrscheinlich, dass es um eine ganz gewöhnliche Liebschaft ging und er einfach darauf wartete, dass sein Mädchen zu ihm hinauskomme. Was konnte ein Mann, der einen Mord plant, dadurch zu gewinnen hoffen, dass er lange zuvor in hundertfünfzig Metern Entfernung zum Ort abends in der Dunkelheit stand? Aber selbst wenn wir diesen Punkt außer Acht lassen und uns lediglich auf die schlichte Frage konzentrieren, ob Slater dieser Mann auf der Straße gewesen sei, sehen wir uns sogleich einer Masse von Schwierigkeiten und Widersprüchen gegenüber. Zwei der präzisesten Zeugen waren Nairn und Bryson, die den Fremden am Sonntagabend vor dem Mord sahen. Für diesen Abend hatte Slater ein unumstößliches Alibi, für das sich nicht nur die junge Frau Antoine, mit der er zusammenlebte, und ihre gemeinsame Bedienstete Schmalz verbürgten, sondern ebenso ein Bekannter namens Samu-el Reid, der mit ihm von sechs bis halb elf Uhr abends zusammen gewesen war. Diese eindeutigen Aussagen, die auch im Kreuzverhör nicht erschüttert werden konnten, zerstören den Zusammenhang zwischen dem Fremden und Slater. Danach kommen die vier Zeugen der Fami-lie McHaffie, die sich alle hinsichtlich der karierten Hosen und Gamaschen völlig einig waren – Kleidungsstücke, die mit Slater nie in Verbindung gebracht werden konnten. Und schließlich – ganz abgesehen von den Ungereimthei-ten um den Bart – gibt es da ein Durcheinander aus Bow-ler-Hüten, grünen Mützen, braunen Mützen und Fahrer-hauben, die einen äußerst konfusen und diffusen Eindruck auf die Einbildungskraft hinterlassen. Aussagen dieser Art könnten möglicherweise von einigem Wert sein, wenn sie zu einem gesicherten Sachverhalt hinzukämen, aber einen Fall allein auf solche Identifizierungen gründen zu wollen, heißt, die Sache auf Treibsand bauen.

Der Leser hat mittlerweile einen guten Einblick in die Faktenlage, aber einige frische Details offenbaren sich erst im Prozess, und ihnen soll jetzt nachgegangen werden. An-gesichts der Grenzen einer solchen Erörterung wie dieser genügt es, sie nur leicht zu streifen; wen jedoch eine aus-führlichere Darstellung interessiert, der wird sie in einem Buch über den Prozess finden, das Hodge in Edinburgh veröffentlicht und der Edinburgher Rechtsanwalt William Roughead fachkundig herausgegeben hat. Auf dieses Buch, auf die wörtlichen Wiedergaben der Vorverhöre und auf die stenographierten Protokolle der amerikanischen Verhand-lungen gründe ich meine eigene Untersuchung des Falls.

Kommen wir zunächst zur Betrachtung, was Slater am Tag des Verbrechens tat. Seinem eigenen und dem Bericht der beiden Frauen zufolge begann er für ihn mit dem Erhalt der beiden bereits erwähnten Briefe, die ihn veranlassten, seine Reise nach Amerika vorzuverlegen. Der ganze Tag scheint den Vorbereitungen für die bevorstehende Reise gewidmet gewesen zu sein. Seiner Bediensteten Schmalz kündigte er zum nächsten Samstag. Vor siebzehn Uhr (wie der Poststempel auf dem Umschlag beweist) schrieb er an eine Poststelle in London, bei der er einen Betrag Geldes verwahrte. Um 18:12 Uhr wurde unter seinem Namen – und vermutlich eben auch von ihm – ein Telegramm vom Hauptbahnhof nach Dent, London, geschickt, in dem er um seine Uhr bat, die repariert worden war. Der Aussage zweier Zeugen zufolge wurde er um 18:20 Uhr in einem Billardsalon gesehen. Der Mord geschah, wie man sich erinnern wird, um neunzehn Uhr. Er blieb etwa zehn Minuten im Billardsalon und verließ ihn irgendwann zwischen 18:30 und 18:40 Uhr. Rathman, einer der beiden Zeugen, sagte unter Eid aus, dass Slater zu dieser Zeit einen Bart getragen habe, der so auffällig gewesen sei, dass niemand ihn für einen glatt rasierten Mann hätte halten können. Sowohl Antoine, seine Geliebte, als auch Schmalz, die Bedienstete, bezeugten eidlich, dass Slater um 19:00 Uhr zu Hause zu Abend gegessen habe. Die Aussage der Geliebten mag man unter Vorbehalt stellen, aber es existiert kein plausibler Grund, warum die entlassene Bedienstete Schmalz um ihres Ex-Arbeitgebers willen hätte einen Meineid schwören sollen.

Die Entfernung zwischen Slaters und Miss Gilchrists Wohnung beträgt etwa einen knappen halben Kilometer, die vom Billardsalon zu Slaters Wohnung etwa anderthalb. Er hätte den Hammer holen und zurückbringen müssen, falls er nicht den ganzen Tag aus seiner Tasche hervorlugen sollte. Aber selbst wenn man die Aussagen der beiden Frauen völlig außer Acht lässt, ist bereits ausreichend demonstriert worden, dass Slater gar nicht die Zeit gehabt hätte, das Verbrechen zu begehen und anschließend die verräterischen Spuren zu beseitigen.

Um 21:45 Uhr an diesem Abend ging Slater seiner gewohnten Beschäftigung nach, in einem kleinen Spielklub an etwas Geld kommen zu wollen. Der Klubleiter bemerkte nichts Unordentliches an Slaters Kleidung (die, so behauptet es jedenfalls die Anklage, dieselbe war, die er während des blutigen Verbrechens trug) und schwor, dass er damals einen kurzen Stoppelbart trug, was Rathmans Aussage bestätigte. Wir erinnern uns, dass sowohl Lambie als auch Barrowman ihrerseits schworen, dass der Mörder glatt rasiert gewesen war.

Am 24. Dezember, drei Tage nach dem Mord, betrat Slater das Reisebüro Cook, um für sich und seine angebliche Frau eine Kabine auf der „Lusitania" zu reservieren. Er machte nicht das geringste Geheimnis daraus, dass er mit diesem Schiff reise, sondern gab seinen tatsächlichen Namen und seine gültige Adresse an und erklärte zudem, dass er das Schiff in Liverpool besteigen würde, was er tat. Auch einige seiner Bekannten wussten davon, unter anderem sein Barbier, der wohl die letzte Person ist, von der man annehmen sollte, dass man ihr Geheimnisse anvertraue. Ernsthaft: Wenn dies eine Flucht war, dann ist schwer zu sagen, wie eine offene Abreise aussehen soll.

In Liverpool begann er die Überfahrt unter dem angenommenen Namen Otto Sando. Das tat er seiner eigenen Aussage zufolge, weil Grund zur Befürchtung bestand, dass seine tatsächliche Ehefrau ihm nachstellte, und er den Wunsch hatte, seine Spuren zu verwischen. Das mag die

Wahrheit sein oder nicht, jedoch steht unbezweifelbar fest, dass Slater nicht den besten Ruf hatte, ein unsteter Mensch war und verschiedentlich zuvor in seinem Leben wechselnde Pseudonyme angenommen hatte. Es muss festgehalten werden, dass nichts Geheimnisvolles um seine Abreise aus Glasgow war und dass er seine Gepäckstücke völlig offen mit sich trug.

Der Leser kennt nun alle Hauptfakten, und nur jene wurden ausgelassen, die entweder unbedeutend waren oder lediglich Redundanzen darstellten. Man wird unschwer erkennen, dass abgesehen von den Identifizierungen, deren Wert jetzt eingeschätzt werden kann, nicht ein einziger Verbindungspunkt zwischen dem Verbrechen und dem behaupteten Täter bestand. Es könnte entgegengehalten werden, das Vorhandensein des Hammers wäre ein solcher Punkt – aber welcher Haushalt in diesem Land besitzt keinen Hammer? Erinnern wir uns: Wenn Slater den Mord mit diesem Hammer verübt hätte, hätte er ihn ausschließlich in der Absicht mit sich führen müssen, das Opfer damit zu erschlagen, denn beim Versuch, sich Eintritt zu erzwingen, wäre er von keinerlei Nutzen gewesen. Aber welcher Mann, der bei Sinnen ist und einen vorsätzlichen Mord plant, würde eine Waffe mit sich nehmen, die leicht, fragil und derart lang ist, dass sie aus jeder Tasche herausragen muss? Der erstbeste größere Stein am Straßenrand wäre zu diesem Zweck besser geeignet. Obendrein hätte der Hammer beim Verlassen des Tatorts in einem blutgetränkten Zustand in der Tasche sein müssen. Die Anklage unternahm nicht einmal den Versuch, entweder Blutflecke in einer Tasche oder die Tatsache, dass irgendwelche Kleidungsstücke verbrannt worden wären, nachzuweisen. Und wenn Slater die Kleidung vernichtet hätte, hätte er natürlich dasselbe mit dem Hammer getan. Selbst einer der beiden medizinischen Sachverständigen der Anklage sah sich zu der Aussage genötigt, er hätte nicht erwartet, dass eine solche Waffe derartige Wunden verursachen könne.

Es mag gut sein, dass ich in dieser Zusammenfassung der Aussagen und Indizien den Eindruck erwecke, ganz aus der Perspektive der Verteidigung zu schildern. Als Erwiderung würde ich den Leser einfach bitten, sich den Umstand zu machen, die ausführliche Darlegung der Beweismittel in *Der Prozess gegen Oscar Slater* zu lesen. Wenn er es tut, wird er begreifen, dass es auch ohne jede besondere Verteidigungsbemühung einfach keinen anderen Weg gibt, diese Geschichte zu erzählen. Die Fakten liegen auf einer Seite. Die bloßen Mutmaßungen, die fragwürdigen Identifizierungen, die vernichtenden Widersprüche und starken Vorurteile auf der anderen.

Kommen wir nun zum Prozess selbst. Das Verfahren wurde für die Anklage vom Generalstaatsanwalt mit einer Rede eröffnet, die getreu die aufgepeitschten Gefühle zu diesem Zeitpunkt repräsentierte. Sie war kraftvoll bis zur Leidenschaftlichkeit und ihre Wirkung auf die Geschworenen währte bis zum Urteil hin an. Der Generalstaatsanwalt sprach, soweit ich sehe, ohne Notizen in völlig freier Rede – ein Verfahren, das der Eloquenz vorteilhaft sein mag, der Genauigkeit freilich abträglich. Dieser Tatsache muss man wohl eine verheerende Fehldarstellung zuschreiben, die – zumal sie von einer so hohen Autorität kam – nicht verfehlen konnte, tiefen Eindruck auf seine Zuhörer zu machen. Aus welchem Grund immer, diese Fehldarstellung scheint in diesem Moment weder vom Richter, noch von der Verteidigung korrigiert worden zu sein. Sie erwies sich als die wirklich entscheidende, in ihren Auswirkungen fatale Behauptung – derart fatal, dass auch ich, wäre ich selbst Teil der Jury gewesen und hätte an die Wahrheit dieser Aussage geglaubt, meinen Urteilsspruch gegen den Angeklagten gefällt haben könnte, und doch hat diese verhängnisvolle Behauptung tatsächlich nicht den mindesten Wahrheitsgehalt. Allein in diesem Umstand scheint für mich bereits ein guter Grund für eine Revision des Urteils oder die Anrufung einer höheren Instanz zu liegen.

Hier folgt die Passage aus der Rede des Generalstaatsanwalts, auf die ich mich beziehe:

„Zu diesem Zeitpunkt hatte er bei den Angestellten in Cooks Reisebüro in Glasgow seinen Namen als Oscar Slater angegeben. Am 25. Dezember, an dem Tag, an dem er erneut zum Reisebüro Cook kommen sollte, erschienen sein Name und seine Beschreibung und all das andere dazu in den Glasgower Zeitungen, und er erkennt, dass das Letzte auf der Welt, das er tun sollte, wenn er Wert auf seine Sicherheit legt, darin besteht, noch einmal als Oscar Slater zu Cooks Büro zu gehen. Entsprechend beginnt er, am 25. all seine Sachen und Güter zusammenzupacken. Soweit wir wissen, verließ er von dem Zeitpunkt, an dem er die Zeitungen sah, das Haus nicht mehr, bis kurz nach sechs Uhr, als er zum Hauptbahnhof geht.“

Hier wird eindeutig die Behauptung aufgestellt – und sie wurde später wiederholt –, dass Oscar Slaters Name in den Zeitungen stand und dass er als Folge davon floh. Eine solche Flucht wäre klarerweise als ein Eingeständnis von Schuld zu sehen gewesen. Dieser Punkt ist von enormer, gar entscheidender Wichtigkeit. Aber wenn man die Daten vergleicht, stellt man fest, dass nichts davon stimmt. Die Polizei erfuhr überhaupt erst am Abend des 25. von der Existenz Slaters, und es dauerte beinahe eine ganze wei-

Der Stuhl mit den blutigen Beinen

Die Frage nach der Tatwaffe gab und gibt bis heute Rätsel auf. Die Anklage behauptete, die Tat sei mit jenem leichten – lediglich ein halbes Pfund schweren – Hammer verübt worden, der sich in Oscar Slaters Besitz befand, an dem die forensischen Experten freilich keinerlei Blutspuren fanden und der nach Ansicht der Sachverständigen der Verteidigung nicht geeignet war, die schweren Verletzungen, die Miss Gilchrist zugefügt wurden, zu verursachen. Das Foto oben zeigt den Hammer, der im Prozess als Beweisstück vorgelegt wurde. Insbesondere die Entstehung der zahllosen nadel- und spiralförmigen Hautwunden durch diesen Hammer war nicht zu erklären, denn sie konnten weder

mit der spitzen, noch mit der stumpfen Seite beigebracht worden sein. Wenig begreiflich ist zudem, warum Slater dieses Werkzeug nach der Tat behalten haben sollte, denn er besaß ausreichend Gelegenheit, es ohne Umstände einfach verschwinden zu lassen.

Der Arzt Dr. John Adams vermutete, dass die Tat mit einem der auf dem obigen Bild zu sehenden Mahagoni-Stühle des Esszimmers verübt wurde, wobei die geschwungenen Schläge mit den Stuhlbeinen voraus die Einschläge in Gesicht und Schädel verursachten und die Sitzfläche den Täter weitgehend vor den heftigen, zahllosen Blutspritzern schützte, die ansonsten rund um die Leiche gefunden wurden. Da Dr. John Adams Miss Gilchrist unmittelbar nach der Tat untersuchte, hatte er auch bemerken können, dass einer dieser Stühle nicht am Tisch, sondern genau neben Miss Gilchrist stand, dass dessen Innenseiten der Stuhlbeine Blut aufwiesen und das hintere linke Stuhlbein geradezu vor Blut troff. Zwar war der gesamte

Bereich vor dem Kamin, an dem der Mord verübt wurde, voller Blutspritzer, die sich ebenso auf der Kohlenschütte, den Feuerhaken und an Stuhlbeinen anderer Stühle befanden, aber das Besondere an diesem Stuhl war, dass es die Innen-, nicht die Außenseiten der Stuhlbeine betraf. Dr. John Adams' Vermutung wurde weder von der Polizei, noch von den forensischen Experten untersucht.

Es lag nahe, die Feuerhaken als mögliche Tatwaffe zu untersuchen, doch entsprach das Aussehen der Wunden zweifelsfrei nicht denen, die durch Feuerhaken verursacht worden sein konnten.

Marion Gilchrists Brustkorb war eingedrückt und mehrere Rippen gebrochen, was die Vermutung nahelegte, dass der Täter zumindest zeitweise auf ihr gekniet hatte, während er auf sie einschlug.

tere Woche, bis sein Name in den Zeitungen erschien – da war er bereits weit draußen auf dem Atlantik. Was am 25. tatsächlich erschien, war die bereits zitierte Beschreibung des Mörders, die u. a. besagte, er sei glatt rasiert gewesen, während Slater zu dieser Zeit einen deutlich sichtbaren Bart trug. Warum hätte er eine solche Beschreibung auf sich beziehen sollen oder warum eine Reise absagen, die längst vorbereitet war? Bei genauem Hinsehen wird dieser Punkt völlig bedeutungslos; wenn aber die Aufmerksamkeit der Geschworenen im Hinblick auf die Daten vollständig verwirrt wurde, musste die – obendrein zweimal wiederholte – selbstgewisse Aussage des Generalstaatsanwalts, dass Slaters Name vor seiner Flucht öffentlich erschien, zwangsläufig einen außerordentlich starken und das Urteil vorbildenden Eindruck machen.

Es gibt weitere Darlegungen des Generalstaatsanwalts, die ohne Zweifel überraschen. Beispielsweise dieser Satz: „Der Angeklagte ist vollkommen außerstande, auch nur einen einzigen Zeugen beizubringen, der aussagt, dass er an diesem Abend an irgendeinem anderen Ort als dem Tatort gewesen ist." Unterziehen wir diese Aussage einer Nachprüfung. Nehmen wir die wörtliche Aussage von Slaters Angestellter Schmalz. Ich möchte noch einmal wiederholen, dass diese Frau in keinerlei Abhängigkeit von Slater stand und gerade vorher von ihm entlassen worden war. Die Aussage der Geliebten, dass Slater am Abend des Mordes um 19:00 Uhr in der Wohnung speiste, will ich übergehen, aber ich begreife nicht, warum die eindeutige Bestätigung von Schmalz vom Generalstaatsanwalt als nicht existierend angesehen worden sein sollte. Ein Angeklagter muss selbstverständlich „vollkommen außerstande" sein, wenn seine Zeugen derart behandelt werden.

Kann eine Aussage denn noch eindeutiger sein als die Folgende?

> Frage: „Kam er gewöhnlich zum Abendessen nachhause?"
>
> Antwort: „Ja, immer. Sieben Uhr war seine übliche Zeit."
>
> Frage: „Wurde es manchmal auch kurz vor acht?"
>
> Antwort: „Das lag an mir. Mr. Slater war zu Hause."
>
> Frage: „Aber wurde es infolge Ihrer Verspätung etwa acht Uhr, als serviert wurde?"
>
> Antwort: „Nein. Mr. Slater blieb nach sieben zu Hause und wartete auf das Essen."

Das scheint eine unumstößliche Aussage. Der Mord wurde gegen sieben Uhr begangen. Der Mörder kann gegen zehn oder fünfzehn Minuten nach sieben wieder auf die Straße gelangt sein. Von dort wäre es einige Entfernung zu Slaters Wohnung gewesen. Hätte er den Mord begangen, hätte er sie nicht eher als halb acht Uhr erreichen können. Aber Schmalz sagt aus, er sei um sieben zu Hause gewesen, und Antoine bestätigt es. Man mag die Aussagen der Frau als gut oder schlecht ansehen, aber es ist schwer zu begreifen, wie irgendjemand behaupten konnte, der Angeklagte sei „vollkommen außerstande, auch nur einen einzigen Zeugen beizubringen." Welche Aussagen hätte er denn vorbringen können, außer eben die aller derjenigen, mit denen er zusammenlebte?

Danach hatte der Generalstaatsanwalt ein leichtes Spiel zu zeigen, dass Slater ein wertloses Subjekt sei, dass er mit – und möglicherweise von – einer Frau leichter Sitten lebte, dass er verschiedene Male seinen Namen geändert hatte und dass er im Ganzen gesehen ein nichtswürdiger Lebemann sei. Vorstrafen hatte er keine. Früh in seiner Rede kündigte der Generalstaatsanwalt an, dass er später darlegen werde, wie Slater zur Kenntnis der Tatsache gekommen sein könne, dass Miss Gilchrist Juwelen besitze. Doch ist er auf dieses Thema nicht wieder zurückgekommen, so dass diese Ankündigung uneingelöst blieb, obwohl es sich natürlich um einen Punkt von größter Wichtigkeit handelt. Dem Aussehen der Wunden nach zu schließen, erklärte er an anderer Stelle, mussten sie durch einen kleinen Hammer verursacht worden sein. Es gibt in diesem Zusammenhang aber nicht das geringste „mussten". denn ohne jeden Zweifel hätten eine ganze Reihe anderer Waffen, das Stemmeisen eines Einbrechers zum Beispiel, dieselbe Wirkung erzielen können. Ein guter Punkt seiner Argumentation war, dass der Angeklagte mit wertvollen Steinen handelte und deshalb in der Lage sein müsse, die Beute eines solchen Raubes zu veräußern. Der Verbrecher, fügte er hinzu, sei augenscheinlich jemand gewesen, der keine Kenntnis vom Inneren des Hauses gehabt habe und nicht wusste, wo die Juwelen aufbewahrt wurden. „Das deutet auf den Angeklagten." Das deutet natürlich ebenso auf so gut wie jeden anderen Menschen in Schottland.

Der Generalstaatsanwalt gab anschließend einen Überblick über die Beschreibungen, die den Mann betrafen, den verschiedene Zeugen auf der Straße gesehen hatten. „Meine Herren, wenn dies der Angeklagte war, wie erklären Sie dann seine Anwesenheit dort?" Es ist klar, dass der ganze Punkt auf dieser Formulierung in Anführungszeichen beruht. Es herrschte unleugbar unter den Zeugen allseitige Zustimmung, dass der Angeklagte dieser Mann gewesen sei. Aber was ist diese allseitige Zustimmung verglichen mit jener, die Beck fälschlicherweise hinter Gitter brachte? Die Anklage legte beträchtlichen Nachdruck auf die Tatsache, dass Mrs. Liddell (aus der Adams-Familie) nur wenige Minuten vor dem Mord einen Mann auf der Straße gesehen hatte, den sie später als Slater identifizierte. Die Kleidung dieses Mannes unterschied sich freilich deutlich von der, die man als die des Mörders beschrieb. Er trug einen schweren Tweedmantel von bräunlicher Farbe und eine braune Mütze. Die ursprüngliche Aussage von Mrs. Liddell, als sie bei der Gegenüberstellung auf der Polizeiwache gefragt wurde, ob einer der Männer aus der Gruppe jenem Mann ähnele, den sie gesehen hatte, wurde in die Worte gefasst: „Einer, so in etwa." Später gewann sie, wie alle anderen weiblichen Zeugen auch, an Sicherheit. Sie erklärte, sie besitze die deutlichste Erinnerung an das Gesicht des Mannes, weigerte sich allerdings, sich zu entscheiden, ob der Mann rasiert oder bärtig gewesen sei.

Bereits diskutiert haben wir die Identifizierungen von Lambie, Adams und Barrowman mit ihren Begrenztheiten und Entwicklungen. Und dann ist da die Frage nach der sogenannten „Flucht" und der Namensänderung auf dem Dampfer. Wäre der Angeklagte ein Mann gewesen, der niemals zuvor den Namen geändert hätte, käme diesem Umstand eine größere Bedeutung zu. Aber schon der kurze Einblick, den wir in sein früheres Leben bekommen haben, zeigt diverse Änderungen des Namens, und niemand käme auf die Idee, dass dies jedes Mal die Konsequenz eines Verbrechens war. Er scheint Schulden in Glasgow gehabt zu haben und obendrein augenscheinlich Gründe, sich vor der Verfolgung einer schlecht behandelten Frau in Acht zu nehmen. Der Generalstaatsanwalt behauptete, die Namensänderung könne „nicht hinreichend durch Unschuld erklärt werden." Daran mag vielleicht etwas sein, aber die Änderung kann gewiss durch einen Grund erklärt werden, der weniger schwerwiegend ist als Mord.

Am Schluss, nachdem er sehr gewissenhaft gezeigt hatte, dass Slater ein großer Lügner war und dass man ihm keines seiner Worte glauben sollte, wenn es nicht eine Bestätigung gäbe, schwang sich der Generalstaatsanwalt zu diesen Worten auf: „Was ich Ihnen ausgeführt habe, weist ihm diese Schuld vollkommen nach; kein Schatten eines Zweifels existiert, kein begründeter Zweifel bleibt mehr daran bestehen, dass er diesen widerwärtigen Mord verübt hat." Der Urteilsspruch zeigte, dass die Geschworenen im Bann der Beredsamkeit des Generalstaatsanwalts diese Ansicht teilten, doch kühlen Bluts betrachtet, fällt es schwer zu begreifen, worauf sich seine so sichere Aussage gründete.

Mr. M'Clure, der die Verteidigung führte, sprach die Wahrheit, als er seine Rede mit der Erklärung eröffnete, dass er „einen Kampf gegen ein zutiefst ungerechtes öffentliches Vorurteil" führen müsse, „das von einer Wut angefacht wird, wie ich sie noch nie bei einem anderen Fall erlebt habe." Dennoch kämpfte er diesen Kampf tapfer, gewissenhaft und voller Maß. Seine Argumente wandten sich durchweg an die Vernunft und nie an die Gefühle.

Er wies nach, wie eindeutig der Angeklagte seine Absicht, nach Amerika zu gehen, bereits Wochen vor dem Mord bekundet hatte und dass alle Vorbereitungen in die Wege geleitet waren. Am Tag nach dem Mord hatte er vor Zeugen erzählt, dass er nach Amerika aufbreche, und die Vorzüge verschiedener Schiffslinien erörtert; schließlich hatte er einem von ihnen den Namen genau des Schiffes genannt, mit dem er dann tatsächlich reiste – das wäre ein seltsames Vorgehen für einen Mann, der vor der Justiz flüchtet.

Mr. M'Clure beschrieb, was der Angeklagte am Abend des Mordes getan hatte, um zu demonstrieren, dass er nach dem Zeitpunkt der Tat dieselbe Kleidung getragen habe, in der er der Theorie der Anklage zufolge das Verbrechen begangen hatte – als ob eine derartige Tat begangen werden könnte, ohne ihre Spuren zu hinterlassen. Er erwähnte beiläufig (es ist kein bedeutsamer Punkt, aber ein menschlicher), dass eine der letzten Handlungen Slaters in Glasgow darin bestand, große Sorge zu tragen, eine englische Fünf-Pfund-Note aufzutreiben, um sie als Weihnachtsgeschenk an seine Eltern in Deutschland zu schicken. Ein Mensch, der so handelt, kann nicht durch und durch schlecht sein. Schließlich deckte Mr. M'Clure sehr deutlich die zahlreichen Widersprüche in den Identifizierungsaussagen auf und warnte die Geschworenen ernst vor den Gefahren, die so häufig in dieser Art von Beweisführung lauern. Alles in allem genommen, handelte es sich um eine lange, umfassende Gegenrede, die freilich derart viele Punkte berührte, dass es nur natürlich ist, dass einige wenige übersehen worden sein mögen. Man vermisst beispielsweise ein hartnäckiges Insistieren auf solche Punkte wie das Ausbleiben einer Erklärung der Anklage, wie Slater überhaupt an die Kenntnis der Existenz von Miss Gilchrist und ihrer Juwelen gekommen sein könnte, wie er in die Wohnung gekommen sei und was aus der Brosche wurde, die er, ihrer Theorie nach, geraubt hatte. Es ist unangenehm, einer so ernsthaft geführten Verteidigung Auslassungen vorzuhalten, und ohne Zweifel besteht die Möglichkeit, dass man in den schriftlichen Berichten Punkte vermisst, die tatsächlich berührt, aber nicht protokolliert wurden.

Lediglich in einer Hinsicht muss Mr. M'Clures Urteil infrage gestellt werden, und zwar in einer der wirklich verzwicktesten, über die je eine Verteidigung entscheiden musste. Er rief den Angeklagten nicht selbst in den Zeugenstand. Dies konnte sehr leicht als ein Eingeständnis von Schwäche angesehen werden. Ich habe keine Hinweise, welche Erwägungen Mr. M'Clure zu dieser Entscheidung leiteten. Sie wirkte sich sicherlich zu Ungunsten seines Klienten aus. Im meisterhaften Begnadigungsgesuch, das Slaters Anwalt, der verstorbene Mr. Spiers, verfasst hat, ist mit seiner umfassenden Kenntnis aller internen Vorgänge festgehalten, dass Slater ständig darauf drängte, selbst vor Gericht auszusagen:

„Sein Verteidiger riet ihm, nicht als Zeuge aufzutreten, aber der Grund lag nicht in irgendeinem Bewusstsein einer Schuld. Er hatte den Stress eines vier Tage andauernden Prozesses hinter sich. Er spricht lediglich ein ziemlich gebrochenes Englisch, freilich recht gut verständlich, mit einem starken, fremdländischen Akzent, und er war seit Januar in Haft gehalten worden."

Es muss festgestellt werden, dass das alles wenig überzeugende Gründe sind. Wesentlich wahrscheinlicher ist, dass die Verteidigung die Auffassung vertrat, Slaters lediglich verneinende und abwehrende Aussagen in Bezug auf alles, was das Verbrechen anging, würden negativ aufgewogen durch die langen Erörterungen schmutziger Affären und Erfahrungen im fragwürdigen Milieu, in die man ihn im Kreuzverhör verstricken würde und die eine äußerst unvorteilhafte Wirkung auf die Meinungen der ehrwürdigen Edinburgher Geschworenen haben würden. Und doch hat die Verteidigung vielleicht das Vorurteil nicht hinreichend erwogen, das ein Angeklagter erregt, der den

Zeugenstand scheut. Einiges von diesem Vorurteil hätte man vermutlich wettmachen können, wenn man stärker unterstrichen hätte, dass Slater aus freien Stücken nach Schottland zurückgekehrt war, um sich seinem Prozess zu stellen, und nicht das Urteil des Auslieferungsverfahrens abgewartet hatte.

Es verbleibt nun noch die Zusammenfassung von Lord Guthrie. Seine Lordschaft sprach die Mutmaßung aus, dass der Täter möglicherweise ohne Mordabsicht zur Wohnung gekommen sei. Das ist gewiss möglich, aber im höchsten Maße unwahrscheinlich. Er ließ sich mit großer Strenge über Slaters allgemeinen Charakter aus. In seiner Schlussansprache rekapitulierte er die bekannten Fakten in unparteiischer Weise und schloss mit den Worten: „Ich vermute, dass Sie alle denken, dass der Angeklagte möglicherweise der Mörder ist. Sie mögen sogar sehr wahrscheinlich alle denken, dass er wahrscheinlich der Mörder ist. Das jedoch sollte Ihnen nicht ausreichen, ihn zu verurteilen. Die Anklage hat zu beweisen versucht, dass er der Mörder ist. Dies ist die Frage, die Sie zu erwägen haben. Wenn Sie der Meinung sind, dass es diesbezüglich keinen berechtigten Zweifel gibt, werden Sie ihn verurteilen; wenn Sie glauben, dass ein berechtigter Zweifel besteht, sprechen Sie ihn frei."

Die Beratung der Geschworenen dauerte eine Stunde und zehn Minuten. Eine Mehrheit befand den Angeklagten für schuldig. Von den fünfzehn Geschworenen waren, wie sich später erwies, neun für „Schuldig", fünf für „Nicht bewiesen" und einer für „Nicht schuldig". Nach englischem Recht wäre dadurch eine neue Verhandlung unausweichlich geworden, die vermutlich – wie im Fall Gardiner – mit dem vollständigen Freispruch für den Angeklagten geendet hätte. Nach schottischem Recht gilt der Spruch der Mehrheit.

„Ich weiß nichts von dieser Sache, absolut nichts", schrie der Angeklagte in einem Ausbruch der Verzweiflung. „Ich habe den Namen nie gehört. Ich weiß nichts über die Sache. Ich begreife gar nicht, wie ich mit dieser Sache in Zusammenhang gebracht werden konnte. Ich weiß nichts darüber. Ich kam freiwillig aus Amerika. Mehr kann ich nicht sagen."

Dann wurde das Todesurteil gefällt.

Wie berichtet wurde, überraschte der Urteilsspruch die meisten Anwesenden im Gerichtssaal, und er ist allerdings überraschend, wenn man ihn im Nachhinein untersucht. Mir leuchtet nicht ein, wie irgendein Mensch bei Sinnen die Beweislage sorgfältig abwägen kann, ohne zu dem Schluss zu kommen, dass der Angeklagte, als er ausrief: „Ich weiß nichts darüber", vermutlich, ja sogar äußerst wahrscheinlich die buchstäbliche Wahrheit sprach. Man bedenke die Ungeheuerlichkeit des Zufalls, dass die Polizei infolge ihrer ins Leere laufenden Spur in Sachen der gestohlenen Brosche durch reinen Zufall begonnen haben will, den richtigen Mann zu verfolgen. Was ist a priori wahrscheinlicher: dass sich solch ein unerhörter Eins-zu-einer-Million-Zufall zugetragen haben sollte oder dass sich die Polizei, nachdem sie sich zur Theorie verstiegen hatte, er sei der Mörder gewesen, zuzugeben weigerte, dass sie sich geirrt hatte, nachdem ihrer Spur die Grundlage entzogen wurde, und dass sie stattdessen in der Hoffnung an ihr festhielt, vage Identifizierungen eines eigentümlich aussehenden Ausländers würden sie zuletzt ins Recht setzen? Jenseits dieser Identifizierungen – ich muss es noch einmal wiederholen – bleibt nichts, das Slater mit dem Mord in Verbindung brächte oder aufzeigen könnte, dass er überhaupt von der Existenz einer Miss Gilchrist wusste oder wissen konnte.

Das bewundernswert abgefasste Begnadigungsgesuch der Anwälte der Verteidigung – das hier in Abschnitt 2 dieses Buches wiedergegeben werden wird –, wurde von zwanzigtausend Bürgern unterzeichnet und bewirkte, dass das Todesurteil in lebenslange Haft umgewandelt wurde. Das ursprüngliche Urteil wurde am 6. Mai gefällt. Zwanzig Tage lang wurde dieser Mann im Zweifel gelassen, und die schriftlich ausgestellte Begnadigung kam erst am 26. Mai an – innerhalb der letzten 24 Stunden vor der Hinrichtung. Am 8. Juli wurde Slater ins Gefängnis in Peterhead gebracht. Dort befindet er sich jetzt seit drei Jahren, und dort wird er weiterhin bleiben.

Ich kann nicht anders, als den Fall Oscar Slater mit einem anderen zu vergleichen, den ich zu untersuchen Gelegenheit hatte, dem von George Edalji. Ich will voranschicken, dass die beiden sehr unterschiedlich sind. George Edalji war ein junger Mann von beispielhaftem Charakter, Oscar Slater ein fragwürdiger Mensch. George Edalji war physisch überhaupt nicht in der Lage, das Verbrechen zu begehen, das ihm eine Leidenszeit von drei Jahren in Gefängnishaft einbrachte (Jahre, für die er nicht einen Schilling Entschädigung vom Staat erhielt, nachdem seine Unschuld erwiesen war). Oscar Slater wäre theoretisch in der Lage gewesen, den Mord begehen zu können, aber die Wagschalen von Beweismitteln und Wahrscheinlichkeit scheinen vollständig dagegen zu sprechen. Infolgedessen fühlt man in dieser Sache nicht den gleichen brennenden Ungerechtigkeitssinn. Und dennoch vertraue ich darauf, dass das Urteil um des guten Rufs nicht allein unserer Justiz, sondern auch unserer Intelligenz willen auf dem ein oder anderen Weg noch einmal neu erwogen wird und man die gegenwärtige Bestrafung des Mannes mit jenen Anstößigkeiten in Anrechnung bringt, die dazu beitrugen, dass seine Verurteilung möglich wurde.

Bevor wir den Fall verlassen, wird es interessant sein zu sehen, inwieweit man den Hergang dieses rätselaufgebenden Verbrechens rekonstruieren und Licht ins Dunkel bringen kann. Angesichts des vorhandenen Materials kann man nicht mehr zu tun hoffen, als auf gewisse Möglichkeiten hinzuweisen, die vielleicht bereits von der Polizei erörtert und überprüft worden sein mögen. Das Ärgerliche an ihren Ermittlungen ist allerdings, dass sie, sobald sie glaubt, den richtigen Mann gefunden zu haben, nicht mehr offen ist für weitere Nachforschungen, die in andere Richtungen und zu anderen Schlüssen führen. Alles, was nicht in die offizielle Theorie passt, wird ausgesondert. Aber man kann einige konkrete Denkanstöße zum Fall geben, die vielleicht Anlass zu weiteren interessanten Überlegungen bieten.

Eine Frage, die gestellt werden muss, ist, ob es der Täter überhaupt auf die Juwelen abgesehen hatte. Es ist gewiss ein Argument, dass der Typ Mann, den die Augenzeugen beschrieben, nicht im Mindesten dem Typus eines gewöhnlichen Diebs entsprach. Als er das Schlafzimmer betrat und das Gaslicht anzündete, ergriff er nicht sogleich die Uhr und die Ringe, die offen und gut sichtbar auf der Kommode lagen. Er steckte nicht den halben Sovereign ein, der im Esszimmer auf dem Tisch lag. Seine Aufmerksamkeit war auf eine hölzerne Schatulle gerichtet, deren Deckel er aufbrach. (Dies, vermute ich, war „das Brechen von Stäbchen", das Adams hörte.) Die Papiere, die darin lagen, wurden über den Boden verstreut. Waren die Papie-

Topographie des Prozesses

Der Prozess gegen Oscar Slater (im obigen Foto in der Bildmitte zwischen zwei Polizeibeamten) begann am Morgen des 3. Mai 1909. Unmittelbar vor der Anklagebank saßen – im Foto lediglich noch im Anschnitt – der Generalstaatsanwalt Alexander Ure mit seinen Assistenten sowie die Vertreter der Verteidigung mit Slaters Anwalt Ewing Speirs. Im Hintergrund ist die Bank der fünfzehn Geschworenen zu sehen, neben der sich rechts (nicht mehr im Bild) der Sitz von Richter Guthrie (Foto links) befand. Unmittelbar hinter Slater erheben sich tribünenartig die Zuschauerplätze.

Das Interesse am Prozess war naturgemäß derart groß, dass Zuschauer sich zuvor Eintrittskarten sichern mussten. Links im Vordergrund des Fotos ist ein Tisch zu sehen, auf dem Beweisstücke zur Präsentation bereitlagen.

Ein Zeitungsillustrator hielt einige der Hauptzeugen in einer Zeichnung fest. Von oben links sind im Uhrzeigersinn zu sehen: Annie Armour, eine Fahrkartenverkäuferin in einer dem Tatort nahegelegenen U-Bahn-Station, die

THE SLATER TRIAL.

Some of the Witnesses.

einen Mann, der hastig an ihrem Fahrkartenhäuschen vorbeilief, nach Monaten sicher als Oscar Slater identifizierte – in ihrer Beweisnot akzeptierte die Polizei sie als Zeugin für den Prozess, obwohl ihre Zeitangabe nicht passte; Arthur Adams, der den Täter in der Diele der Wohnung gesehen hatte; Mary Barrowman, die einen Mann aus der Haustür, die zu Miss Gilchrists Wohnung führte, flüchten sah; Inspektor John Pyper, einer der wichtigsten Ermittler im Fall, der u. a. die Hauptzeugen zum Auslieferungsverfahren nach New York begleitete; William Warnock, der ebenfalls mit in die USA gereist war; und der leitende Ermittler Inspektor John Ord.

Im Foto unten, das etwa zur Zeit des Prozesses aufgenommen wurde, ist die zweite Hauptzeugin zu sehen, die seinerzeit einundzwanzigjährige Helen Lambie.

re sein Ziel und die Entwendung einer Diamantbrosche ein bloßes Ablenkungsmanöver? Von meiner Seite aus kann ich lediglich auf die Möglichkeit einer solchen Lösung hinweisen. Auf der anderen Seite könnte man argumentieren, dass die Handlungsweise des Diebs deshalb inkonsequent erscheint, weil er sich durch Adams' Klingeln unter Stress gesetzt und bereits in einer verzweifelten Situation sah. Es könnte zudem festgehalten werden, dass es abgesehen von einem Testament schwierig wäre, sich irgendein Papier vorzustellen, das als lohnendes Ziel für ein solches Unternehmen gelten könnte, während es auf der anderen Seite Juwelen für jeden sein konnten, der von ihrer Existenz wusste.

Nehmen wir an, dass der Täter wirklich hinter den Juwelen her war, dann ist es ausgesprochen lehrreich festzustellen, wie genau oder nicht genau er wusste, wo sie aufbewahrt wurden. Wie kam es, dass er schnurstracks in das ungenutzte Schlafzimmer ging, wo die Juwelen tatsächlich versteckt gehalten wurden? Die gleiche Frage mag mit ebensolchem Nachdruck gestellt werden, wenn wir vermuten, dass die Papiere sein Ziel waren. Warum das ungenutzte Schlafzimmer? Jede Kenntnis, die man von außerhalb der Wohnung hätte sammeln können (z. B. als Beobachter der Fenster zum Hinterhof) hätte lediglich dazu gereicht auszumachen, welches das Zimmer der alten Dame war. Man sollte erwarten, dass ein Räuber, der seine Informationen auf diese Weise erworben hätte, direkt in dieses Zimmer gegangen wäre. Aber dieser Mann tat das nicht. Er ging ohne jede Umschweife in das Zimmer, das am wenigsten Erfolg versprach und in dem sich doch tatsächlich sowohl die Juwelen, als auch die Papiere befanden. Ist dies nicht bemerkenswert und vielsagend? Lässt es nicht den Eindruck einer vorherigen Bekanntschaft mit dem Innern der Wohnung und den Gewohnheiten ihrer Besitzerin zu?

Und nun beachten Sie die Grenzen dieser Kenntnis. Falls er hinter den Juwelen her war, wusste er, in welchem Zimmer sie aufbewahrt wurden, aber nicht wo darin. Eine genauere Kenntnis hätte ihm bezeichnet, dass sie im Kleiderschrank lagerten. Stattdessen durchsuchte er eine Schatulle. Falls es ihm um die Papiere ging, war er präzise informiert; aber wenn die Juwelen sein Ziel waren, können wir feststellen, dass er das Wissen von jemandem hatte, der einerseits mit den häuslichen Verhältnissen vertraut ist, anderseits aber nicht genauer vertraut. Dem können wir den Eindruck hinzufügen, dass er Unkenntnis in Bezug auf die Gewohnheiten der Bewohner verriet, denn sonst hätte er gewiss Lambies freien Nachmittag oder Abend für sein Unterfangen gewählt und es nicht zu einem Zeitpunkt unternommen, als das Mädchen jede Minute zurückerwartet wurde.

Welche Männer hatten je das Haus besucht? Die Zahl muss äußerst begrenzt gewesen sein. Welche Freunde, welche Vertreter, welche Handwerker? Wer brachte die Juwelen zurück, nachdem sie beim Juwelier eingelagert worden waren, wenn die alte Dame, wie sie es jedes Jahr tat, aufs Land fuhr? Man sträubt sich, vage Verdächtigungen in die Welt zu setzen, die die Gefühle unschuldiger Leute verletzen könnten, und doch ist eindeutig, dass es hier Untersuchungsmöglichkeiten gibt, denen man nachgehen sollte, wie unerfreulich die Folgen auch sein mögen.

Wie gelangte der Mörder – falls Lambie sich korrekt erinnert, dass sie die Türen verschlossen hatte – in die Wohnung? Mir drängt sich immer wieder die Schlussfolgerung

Der Fall George Edalji

George Edalji (oben), der Sohn eines indischen Einwanderers und angehender Anwalt in Birmingham, wird wegen einer offensichtlich sadistischen, blutrünstigen Tiermordserie in Staffordshire und als Verfasser unflätig-aggressiver anonymer Briefe zu sieben Jahren Zuchthaus verurteilt. Nach drei Jahren Haft wird er vorzeitig entlassen und beteuert, was er bereits im Prozess vehement behauptet hatte: Er sei unschuldig. Im Dezember 1906 schreibt er einen Brief an Arthur Conan Doyle (rechts an jenem Schreib-

tisch, an dem eine Vielzahl seiner Manuskripte entstand),
dessen Gerechtigkeitssinn sich empört.

Eine ausführliche Darstellung des Falles und des Ein-
greifens Arthur Conan Doyles findet sich im Nachwort.

auf, dass er ein Duplikat der Schlüssel besaß. In diesem Fall wird alles verständlich, da die alte Dame – deren Auffassungsgabe völlig normal war – das Schloss hätte gehen hören, aber keineswegs alarmiert gewesen wäre, weil sie ja denken musste, Lambie sei lediglich etwas früher zurückgekehrt. Auf diese Weise hätte sie die Gefahr erst erkannt, als der Mörder in ihr Zimmer eilte, hätte kaum mehr Zeit gehabt, sich zu erheben, hätte den ersten Schlag abbekommen und wäre so, wie sie gefunden wurde, neben den Stuhl gefallen, in dem sie gesessen hatte. So wäre es zu erklären. Aber wenn er keine Duplikate der Schlüssel besaß, wird die Sache wesentlich komplizierter. Angenommen, die alte Dame hätte die Wohnungstür geöffnet, ihr Körper wäre in der Diele gefunden worden. Aus diesem Grund wurde die Polizei zu der Hypothese verleitet, dass die alte Dame das Klingeln hörte, die Haustür unten von ihrer Wohnung aus öffnete (wie das in allen schottischen Wohnungen möglich ist), die Wohnungstür öffnete, gar nicht danach sah, wer das beleuchtete Treppenhaus hinaufkam, sondern zu ihrem Stuhl und ihrer Zeitschrift zurückkehrte, die Tür offen stehen ließ und dem Mörder auf diese Weise freien Zutritt ermöglichte. Das ist denkbar – aber ist es nicht im höchsten Maße unwahrscheinlich? Miss Gilchrist war wegen möglicher Überfälle besorgt und nervös und hätte Vorsichtsmaßnahmen keinesfalls so sträflich außer Acht gelassen. Das Klingeln kam kurz, nachdem das Mädchen gegangen war. Miss Gilchrist konnte wohl schwerlich in dem Glauben sein, dass das Mädchen zurückkehre, schließlich besaß es ja die Schlüssel und hätte nicht zu klingeln brauchen. Und wenn Miss Gilchrist den ganzen Weg bis zur Wohnungstür gegangen wäre, um sie zu öffnen, hätte sie lediglich einen weiteren Schritt machen müssen, um sich zu vergewissern, wer die Treppe heraufkam. Das hätte sie mit Sicherheit getan, und sei es auch nur, um zu fragen: „Was denn, hast du deine Schlüssel vergessen?" Dass eine ängstliche alte Dame beide Türen öffnen und überhaupt nicht danach schauen sollte, wer ihr Besucher sei, sondern stattdessen in ihr Esszimmer zurückkehrte – das ist sehr schwer zu glauben.

Und betrachten wir es aus der Perspektive des Mörders. Er hatte sein Vorgehen genau geplant. Es ist allgemein bekannt, dass es ein Kinderspiel ist, die untere Eingangstür zu öffnen, die zu schottischen Wohnungen führt. Dazu genügt die Schneide des erstbesten Federmessers. Sollte er sein Vorhaben an die Bedingung geknüpft haben zu klingeln, um zu seinem Opfer zu gelangen, wäre es außer Frage besser für ihn gewesen, an der oberen Tür zu klingeln, denn ansonsten war es äußerst wahrscheinlich, dass sie hinunterschauen, ihn hinaufkommen sehen und sich einschließen würde. Wenn er dagegen an der oberen Tür gestanden und sie sie geöffnet hätte, wäre es ein Leichtes gewesen, sich den Weg hinein zu erzwingen. Folglich wäre diese letzte Möglichkeit sein Vorgehen gewesen, falls er überhaupt geklingelt haben sollte. Und dennoch behauptet die Theorie der Polizei, dass er von unten klingelte. Das hätte er gewiss nicht getan, und hätte er es getan, wäre es hochgradig unwahrscheinlich gewesen, dass er in die Wohnung gekommen wäre. Wie hätte er denn darauf rechnen sollen, dass die alte Dame ein derart unglaubliches Verhalten an den Tag legen würde, ihre Tür offen stehen zu lassen und zu ihrer Lektüre zurückzukehren? Wenn sie wartete, konnte sie ihm bis zum letzten Moment die Tür vor der Nase zuschlagen. Wenn man all dies in Erwägung zieht, kann man, glaube ich, schwerlich um die Schlussfolgerung umhinkommen, dass der Mörder Schlüssel besaß und dass sich die alte Dame bis zum allerletzten Augenblick nicht von ihrem Sitz erhob, weil sie es, als sie die Schlüssel in der Tür hörte, für selbstverständlich nahm, dass das Mädchen zurückgekommen sei. Aber wenn er Schlüssel besaß – wie war er an den Abdruck gekommen und wie bekam er sie angefertigt? Hier liegt eine Richtung, in die noch zu ermitteln wäre. Die einzigen erwägenswerten Alternativen bestehen darin, dass der Mörder sich bereits in der Wohnung versteckt hielt, als Lambie sie verließ – und dafür gibt es nicht den geringsten Anhaltspunkt –, oder dass der Eindringling jemand war, der die alte Lady kannte, in welchem Fall ihm natürlich Einlass gewährt worden wäre.

Es gibt zwei, drei weitere Einzelpunkte, die dazu einladen, kommentiert zu werden. Einer von diesen ist – ich habe ihn bei Gelegenheit erwähnt –, dass weder die Streichhölzer, noch die Streichholzschachtel, noch die im Schlafzimmer aufgebrochene Schatulle die geringsten Spuren von Blut zeigten. Und das, obwohl der Tathergang außerordentlich blutig verlief. Das ist gewiss ausgesprochen eigenartig. Eine Erklärung, die Dr. Adams gegeben hat, der der erste Mediziner war, der den Leichnam untersuchte, ist der Beachtung wert. Er vermutete, dass die Wunden von Hieben mit den Enden von Stuhlbeinen herrührten, in welchem Fall die Sitzfläche des Stuhls die Kleidung und in einem gewissen Maß auch die Hände des Mörders vor Blutspritzern geschützt hätte. Der Zustand eines der Stühle schien ihm diese Vermutung zu unterstützen. Die Erklärung ist einfallsreich, aber ich muss gestehen, dass ich nicht begreifen kann, wie derartige Wunden von einem solchen Gegenstand verursacht worden sein könnten. Insbesondere stellte man eine Anzahl spindelförmiger Schnitte mit einer Brücke aus Haut dazwischen fest, die sehr ungewöhnlich sind. Meine erste Vermutung, was die Waffe angeht, die derartige Wunden hervorrufen könnte, wäre die sehr kurze Brechstange eines Einbrechers, die an einem Ende gabelförmig geteilt ist, während der Schlag, der das Auge der armen Frau ins Gehirn trieb, einen Stoß mit dem anderen Ende repräsentieren würde. Sollte es nicht dieses Einbrecherwerkzeug gewesen sein, würde ich einen Hammer vermuten, freilich eine völlig andere Art Hammer als jenes Spielzeug aus einem Gebinde für eine halbe Krone, das vor Gericht vorgeführt worden war. Der gesunde Menschenverstand würde gewiss sagen, dass ein solches Instrument einen Augapfel eindrücken könnte, aber nicht in der Lage wäre, ihn tief ins Gehirn zu treiben, denn der stumpfe Kopf würde nicht annähernd so weit vordringen können. Die Art Hammer, die ich von den Verletzungen ausgehend vermuten würde, wäre die der Gipsarbeiter, mit kurzem Griff, langem und starkem Kopf, mit einer breiten Gabel nach hinten. Aber wie eine solche Waffe gebraucht werden könnte, ohne dass der Täter Spuren davontragen würde, ist mehr, als ich sagen kann. Es ist nie erklärt worden, warum ein Wolltuch über der ermordeten Frau lag. Der Mörder – wie sein Verhalten gegenüber Lambie und Adams bewies – war eine vollkommen kaltblütige Person. Es ist immerhin denkbar, dass er das Wolltuch als einen Schutz zwischen sich und seinem Opfer benutzte, während er sie mit seiner Waffe erschlug. Seine Kleidung, möglicherweise auch seine Hände, wären auf diese Weise geschont geblieben.

Ich habe gesagt, dass es von der allergrößten Wichtigkeit ist, nachzuverfolgen, wer von der Existenz der Juwelen wusste, denn dies könnte entscheidend bei der Auflösung des Falles helfen. In diesem Zusammenhang gibt es eine Passage in Lambies New Yorker Zeugenaussage, die von einiger Bedeutung ist. Ich habe hier den Wortlaut der stenographierten Originalprotokolle vorliegen, die ich an einigen Stellen etwas kürzen werde:

Frage: „Kennen Sie einen Mann in Glasgow namens …?"

Antwort: „Ja, Sir."

Frage: „Was ist er von Beruf?"

Antwort: „Buchmacher."

Frage: „Wie haben Sie ihn kennengelernt?"

Antwort: „Bei einer Tanzveranstaltung."

Frage: „Was für eine Art Tanzveranstaltung?"

Antwort: „Eine Neujahrs-Tanzveranstaltung." (Das wäre also Neujahr 1908 gewesen.)

Frage: „Wann haben Sie ihn danach wiedergesehen?"

Antwort: „Anfang Juni."

Frage: „Wo?"

Antwort: „In Glasgow."

Frage: „An einer Straßenecke?"

Antwort: „Nein, er kam herauf zum Haus in der Princes Street."

Frage: „Zum Haus, in dem Miss Gilchrist lebte?"

Antwort: „Ja, Sir."

Frage: „Und das war das erste Mal seit dieser Tanzveranstaltung?"

Antwort: „Ja, Sir."

Frage: „Leugnen Sie, dass Sie sich nach einem Brief, den Sie von ihm erhielten, mit ihm an einer Straßenecke in Glasgow trafen?"

Antwort: „Ich habe einen Brief bekommen."

Frage: „Ihn an einer Straßenecke zu treffen?"

Antwort: „Ja."

Frage: „Das war das erste Treffen nach der Tanzveranstaltung?"

Antwort: „Ja."

Frage: „Und Sie haben ihn dann dort getroffen?"

Antwort: „Ja."

Frage: „Und Sie gingen mit ihm aus?"

Antwort: „Nein, ich bin nicht mit ihm ausgegangen."

Frage: „Aber Sie sind mit ihm irgendwohin gegangen,
nicht wahr?"

Antwort: „Ja, ich machte ein Treffen für den Sonntag
aus."

Frage: „Wussten Sie irgendetwas über diesen Mann?"

Antwort: „Ja, Sir."

Frage: „Was wussten Sie denn über ihn?"

Antwort: „Nicht viel."

Frage: „Wie oft hat er Sie im Haus von Miss Gilchrist
besucht?"

Antwort: „Einmal."

Frage: „Sind Sie da ganz sicher?"

Antwort: „Ganz sicher."

Frage: „Kam er nicht zum Tee mit Ihnen in ihre Wohnung?"

Antwort: „Das war an der Küste."

Frage: „Dann traf er sie also in Miss Gilchrists Sommerhaus?"

Antwort: „Ja."

Frage: „Wie oft?"

Antwort: „Einmal."

Frage: „Hat er Miss Gilchrist dort getroffen?"

Antwort: „Ja, Sir."

Frage: „Haben Sie ihn ihr vorgestellt?"

Antwort: „Ja, Sir."

Frage: „Trug sie diese Diamantbrosche?"

Antwort: „Daran kann ich mich nicht erinnern."

Frage: „Wann haben Sie ihn dann das nächste Mal gesehen?"

Antwort: „In der ersten Septemberwoche."

Frage: „In Glasgow?"

Antwort: „Ja, Sir."

Frage: „Waren Sie verabredet?"

Antwort: „Ja."

Frage: „Wann danach?"

Antwort: „Seither hab' ich ihn nicht wieder gesehen."

Frage: „Und Sie sagen, dass er im Urlaubsort nur einmal vorbeigekommen ist?"

Antwort: „Einmal, Sir."

Frage: „In Ihrer Aussage in Glasgow sagen Sie: Er besuchte mich in Girvan, und wir tranken am Samstagabend Tee zusammen und trafen uns am Sonntag zusammen mit Miss Gilchrist zum Mittagessen."

Antwort: „Ja, Sir."

Frage: „Dann haben Sie ihn also im Urlaubsort öfter als einmal gesehen?"

Antwort: „Einmal."

Die betreffende Aussage wurde im selben Wortlaut wie oben noch einmal vorgelesen.

Frage: „Ist das die Wahrheit?"

Antwort: „Ja."

Frage: „Dann haben Sie den Mann in Miss Gilchrists Sommerhaus zum Tee eingeladen?"

Antwort: „Ja."

Frage: „Am Samstagabend?"

Antwort: „Ja."

Frage: „Und Sonntagabend?"

Antwort: „Da war er nicht da.“

Frage: „Am Sonntag haben Sie ihn zum gemeinsamen Essen mit Miss Gilchrist und Ihnen eingeladen, nicht wahr?“

Antwort: „Ja, Sir. Aber nicht ich habe ihn eingeladen.“

Frage: „Wer hat ihn eingeladen?“

Antwort: „Miss Gilchrist.“

Frage: „Haben Sie ihn ihr vorgestellt?“

Antwort: „Ja, Sir.“

Frage: „Er war Ihr Freund, oder?“

Antwort: „Ja, Sir.“

Frage: „Sie wusste nichts über ihn?“

Antwort: „Nein.“

Frage: „Sie lud ihn auf Ihre Empfehlung hin in ihr Haus ein?“

Antwort: „Ja.“

Frage: „Hat sie bei diesem Mittagessen ihre Diamanten getragen?“

Antwort: „Daran kann ich mich nicht erinnern.“

Frage: „Haben Sie ihm erzählt, dass sie eine reiche Frau ist?“

Antwort: „Ja.“

Frage: „Haben Sie ihm erzählt, dass sie eine wertvolle Juwelensammlung besitzt?“

Antwort: „Ja.“

Frage: „Haben Sie diesen Mann jemals in Verdacht gehabt?“

Antwort: „Nie.“

Frage: „Wissen Sie von irgendeinem anderen Mann, der mit den vorerwähnten Punkten – dem Reichtum der alten Dame, ihren Juwelen – gleichermaßen bekannt

gewesen sein könnte, oder von einem Weg, an diese
vorerwähnten Kenntnisse zu gelangen?"
Antwort: „Nein, Sir."
Frage: „War der Mann, den Sie in der Diele trafen, die-
ser Mann?"
Antwort: „Nein, Sir."

Dies ist die Zusammenstellung einer ungemein interessanten, forschenden Passage aus dem Kreuzverhör, die diverse
Dinge offenbart. Das eine ist Lambies Qualität als Zeugin.
Das andere ist das äußerst merkwürdige Bild einer alten
Dame, eines Buchmachers und einer Bediensteten, die
gemeinsam beim Essen zusammensitzen. Das letzte und
wichtigste ist die Tatsache, dass die Nachricht von den Juwelen herauskam. Gegen den Mann selbst kann nichts vorgebracht werden. Die Polizei untersuchte die Sache, ihre
Schlussfolgerungen waren völlig unzweideutig und wurden auch von jenen geteilt, die für die Verteidigung verantwortlich waren. Aber sollte es wirklich glaubhaft sein,
dass jener Mann, der an dieses besondere Wissen gelangt
war, in den Monaten, die bis zu dem Verbrechen vergingen,
keinem Freund etwas über diese seltsame Geschichte von
der einsamen alten Frau und ihrem Schatz erzählt haben
mag, der es dann selbst wiederum vielleicht einem nächsten erzählte? Es könnte in vollständiger Unschuld geschehen sein. Es wäre eine völlig natürliche Sache gewesen.
Beinahe zum ersten Mal scheinen wir in diesem Fall auf
eine Spur zu stoßen, die eine Verbindung zwischen möglicher Ursache und Wirkung herstellen könnte, zwischen der
toten Frau auf der einen Seite und Außenstehenden auf
der anderen Seite, die etwas von ihren bemerkenswerten
Umständen wissen konnten.

Es gibt noch eine weitere Passage aus Lambies Kreuzverhör, die ich gerne zitieren würde, diesmal aus dem Prozess in Edinburgh. Sie war niemals in Amerika Gegenstand einer Untersuchung, so wie die amerikanischen Protokolle, aus denen ich zitiert habe, niemals Gegenstand im Edinburgher Prozess waren. Zum ersten Mal werden sie beide im Zusammenhang betrachtet.

Frage: „Hatte Miss Gilchrist einen Hund?"
Antwort: „Ja, einen irischen Terrier."
Frage: „Was ist mit ihm passiert?"
Antwort: „Er wurde vergiftet."
Frage: „Wann wurde er vergiftet?"
Antwort: „Ich glaube, am 7. oder 8. September."
Frage: „Nahm man an, dass er mit Absicht von jemandem vergiftet wurde?"
Antwort: „Das hab' ich nicht gedacht, ich dachte, er hätte irgendetwas Falsches gefressen, aber Miss Gilchrist glaubte, jemand hätte ihn vergiftet."
Frage: „Dass der Wachhund ausgeschaltet werden sollte – glaubte sie das?"
Antwort: „So hat sie es nicht gesagt."

Der Leser sollte daran erinnert werden, dass Slater nicht vor Ende Oktober des betreffenden Jahres in Glasgow ankam. Seine vorherigen Aufenthalte in der Stadt lagen weit zurück: 1901 und 1905. Wenn der Hund wirklich als Vorbereitung des Verbrechens vergiftet wurde, dann konnte er damit nichts zu tun haben.

Und es gibt noch eine weitere Zeugenaussage, die vielleicht von Bedeutung sein könnte. Es ist die von Miss Brown, der Schullehrerin. Diese Dame war im Gericht anwesend, scheint aber nicht aufgerufen worden zu sein, weil weder die Anklage, noch die Verteidigung ihre Aussage für hilfreich erachteten. Sie erklärte, dass sie am Abend des Mordes, um ungefähr zehn Minuten nach sieben, zwei Männer vom Ort des Geschehens weglaufen sah. Einer dieser Männer entsprach stark der ursprünglichen Beschreibung des Mörders, bevor diese nach Barrowmans Aussage abgeändert wurde. Es war der mittelgroße, dunkelhaarige und glattrasierte Mann mit dreiviertellangem, grauem Mantel, dunkler Tweedmütze und beiden Händen in den Taschen. Hier haben wir den tatsächlichen Mörder, nach dem Leben beschrieben, und hätte Miss Brown erklärt, dass dieser Mann der Beschuldigte gewesen sei, sie wäre eine fürchterliche Ergänzung für die Zeugen der Anklage gewesen. Miss Brown allerdings identifizierte Slater (im üblichen absurden Verfahren, in dem diese Identifizierungen abliefen) als den zweiten Mann, den sie folgendermaßen beschreibt: „Dunkles, glänzendes Haar, blauer Marinemantel mit Samtkragen, dunkle Hose, schwarze Stiefel, trug irgendetwas in der Hand, das schwerfälliger als ein Gehstock erschien." Man könnte natürlich annehmen, dass dieser Gegenstand in seiner Hand ein Hut gewesen sei, denn sie beschreibt den Mann als barhäuptig. Alles, was über diesen Vorfall gesagt werden kann, besteht in folgender Feststellung: Falls dieser zweite Mann Slater gewesen sein sollte, dann war er eindeutig nicht der tatsächliche Täter, dessen Kleidung stark der des ersten Mannes entsprach und überhaupt nicht der des zweiten. Dem Auge des Betrachters aus dem Norden zeigen alle Fremden mit dunkler Erscheinung eine Ähnlichkeit miteinander, und dass ein Mann mit dunkler Erscheinung, ob fremdländisch oder nicht, in diese Sache verwickelt war, steht außer Frage. Dass es zwei Verbündete gegeben haben könnte, von denen einer das Verbrechen plante, während der andere es ausführte, ist eine durchaus denkbare Annahme. Miss Browns Bericht widerspricht nicht notwendigerweise dem von Barrowman, denn man könnte sich vorstellen, dass sich der zweite Mann dem Mörder in einiger Entfernung vom Tatort zugesellen würde. Da aber dieser Bericht nie in einem Verhör näher untersucht wurde, ist es schwierig zu ermessen, welches Gewicht man ihm zuerkennen kann.

Lassen Sie mich abschließend sagen, dass ich in all dem, was ich hier geschrieben habe, nicht das geringste Verlangen hatte, die Gefühle von Beteiligten zu verletzen oder mir Dinge anzumaßen, weder gegenüber der Polizei, noch der Justiz, noch sonst jemandem gegenüber, der mit dem Fall zu tun hatte. Es ist schwierig, Dinge von einer Außenwarte her zu diskutieren, ohne Anstoß zu erregen. Ich bin mir ebenso bewusst, dass es leichter ist, aus der Distanz zu theoretisieren, als praktisch an einem Fall zu tüfteln, sei es als Polizeiermittler oder als Jurist. Ich verlasse diesen Gegenstand nun in der Hoffnung, dass – selbst nach so vielen Tagen – eine plötzliche Eingebung gesandt werden möge, die ein neues Licht auf eines der brutalsten und niederträchtigsten Verbrechen werfen wird, das je in den finsteren Jahrbüchern aufgezeichnet wurde, in denen der Kriminalist das Material für sein Studium findet. In der Zwischenzeit liegt es im Ratschluss der Behörden und in letzter Instanz in dem der Gesellschaft, dass dieses Urteil, das unter den von mir beschriebenen Umständen gefällt wurde, noch einmal überdacht wird.

Arthur Conan Doyle
Windlesham, Crowborough

Ewing Spiers

Begnadigungsgesuch in Sachen Oscar Slater

AN DEN SEHR EHRENWERTEN
LORD PENTLAND
MINISTER SEINER MAJESTÄT
FÜR SCHOTTLAND

GESUCH IN SACHEN OSCAR SLATER

Dieses Gesuch wird ergebenst in Sachen Oscar Slater vorgelegt, der derzeit Häftling im Gefängnis in Glasgow ist und vor dem Obersten Kriminalgerichtshof in Edinburgh am Donnerstag, dem sechsten Tag des Monats Mai im Jahr Neunzehnhundertundneun, der Anklage für schuldig befunden wurde, Miss Marion Gilchrist in ihrem Haus in der West Princes Street in Glasgow ermordet zu haben und zum Tode verurteilt wurde. Der Häftling ist ein Jude und wurde in Deutschland geboren. Er ist 37 Jahre alt.

Die Geschworenen plädierten mit einer Mehrheit von neun zu sechs Stimmen für „Schuldig", und die Rechtsberater des verurteilten Mannes sind überzeugt, dass der Spruch der Mehrheit der Geschworenen nicht der vorliegenden Beweislage entsprach und dass diese Beweislage völlig unzureichend war, den Angeklagten als Mörder zu identifizieren und so die Schuld des Angeklagten zu erweisen. Diese Ansicht, glauben sie, wird von der allgemeinen

Öffentlichkeit aller Gesellschaftsklassen in Schottland geteilt sowie von der Presse in Glasgow (siehe Leitartikel im *Glasgow Herald* vom 7. Mai 1909, der hier beiliegt).

Der Gesuchsteller hat in dieser Schrift versucht, den Sachverhalt so kurz und mit so wenig Erörterung wie möglich zu behandeln, aber angesichts der Tatsache, dass der Prozess des Gefangenen vier Tage in Anspruch nahm, ist es unvermeidbar, dass das Gesuch eine gewisse Länge benötigen wird.

Es ist allgemein bekannt, dass die verstorbene Miss Gilchrist, eine Dame von ungefähr 82 Jahren, allein mit ihrer Haushaltsbediensteten, Nellie Lambie, einer jungen Frau von etwa 21 Jahren, lebte.

Gemäß der Aussage von Lambie hat diese Miss Gilchrist am Abend des 21. Dezember 1908 um sieben Uhr allein im Haus zurückgelassen, um eine Abendzeitung kaufen zu gehen. Lambie erklärte, dass sie sowohl die Wohnungs- wie auch die Haustür gewissenhaft hinter sich schloss; dass sie lediglich ungefähr zehn Minuten abwesend war; dass sie bei ihrer Rückkehr gegen zehn Minuten nach sieben die Tür zur Straße offen vorfand; dass sie, als sie die Treppe hinaufstieg, Mr. Adams, einen Gentleman, der die Wohnung unterhalb bewohnt, an der Wohnungstür von Miss Gilchrist stehen sah; dass Adams sie in Kenntnis setzte, dass er zu Miss Gilchrists Wohnungstür hinaufgekommen sei, weil er aus Miss Gilchrists Wohnung Klopfen auf den Boden hörte und dass er die Klingel betätigt habe, aber keinen Einlass gewährt bekomme; dass der Eingangsbereich von einer halb aufgedrehten Gaslampe beleuchtet wurde, die ein ausreichendes Licht gab; dass Lambie daraufhin die Wohnungstür mit ihren Schlüsseln geöffnet habe; dass ihnen, nachdem die Tür geöffnet worden war, ein Mann in der Diele von Miss Gilchrists Wohnung entgegenkam, an Lambie und Adams vorbeiging, die Treppe hinabstieg und verschwand; und dass Lambie und Adams, als sie die Wohnung betraten, Miss Gilchrist tot auf dem Boden liegend im Esszimmer vorfanden, mit zertrümmertem Kopf.

Am Mittwoch nach dem Mord – am 23. Dezember 1908 – meldete sich ein Botenmädchen namens Mary Barrowman (etwa 15 Jahre alt) bei der Polizei und erklärte, sie hätte am Abend des Mordes kurz nach sieben Uhr einen Mann mit einem Donegal-Hut und einem leichten Mantel aus dem Hauseingang rennen sehen, der von der Straße zu Miss Gilchrists Wohnung führt; der Mann sei mit vollem Tempo an ihr vorbeigelaufen; sie beschrieb ihn als dunkel und glatt rasiert und dass seine Nase nach rechts gebogen gewesen sei. Lambie, die Bedienstete, teilte der Polizei mit, dass eine halbmondförmige, diamantbesetzte Goldbrosche am Abend des Mordes aus dem Haus von Miss Gilchrist verschwunden sei und dass dies das Einzige aus Miss Gilchrists Besitz sei, das sie vermisse. Diese Aussagen wurden am Freitag, den 25. Dezember 1908, in den Glasgower Zeitungen veröffentlicht, woraufhin sich der Zeuge Allan Maclean bei der Polizei meldete; er war Mitglied eines Klubs, zu dem Slater gehörte, und beschrieb der Polizei, dass dessen äußere Erscheinung in etwa der der veröffentlichten Beschreibung entspreche und dass Slater versucht habe, einen Pfandschein für eine Diamantbrosche zu verkaufen. Diesem Hinweis folgte die Polizei und suchte am Freitagabend, den 25. Dezember, das Haus in der St. George's Road 69 in Glasgow auf, in dem Slaters Wohnung lag, wobei sie erfuhr, dass er und Miss Andrée Antoine, mit der er zusammenlebte, Glasgow am selben Abend mit ihrer Habe verlassen hatten. Die Polizei stellte daraufhin fest, dass Slater am Samstag, den 26. Dezember, mit der „Lusitania" aus Liverpool nach New York aufgebrochen war, und sandte ein Telegramm an die New Yorker Behörden, ihn bei seiner Ankunft abzufangen und zu durchsuchen. Dies geschah, und man fand bei ihm jenen Pfandschein über eine Brosche, den er zu verkaufen versucht hatte; wie sich allerdings herausstellte, handelte es sich um einen Pfandschein über eine Brosche aus Miss Antoines Besitz, die niemals zuvor Miss Gilchrist gehört hatte und bereits einige Zeit vor dem Mord an Miss Gilchrist versetzt worden war. Dennoch wurde ein Verfahren über Slaters Auslieferung eingeleitet. Die Zeugen Lambie, Adams und Barrowman machten in Amerika ihre Aussagen bezüglich einer Identifizierung Slaters als den Mann, der Miss Gilchrists Wohnung verließ, und Slater wurde (wie er feststellt: mit seiner Einwilligung aus freien Stücken) ausgeliefert und nach Schottland zurückgebracht, um vor Gericht gestellt zu werden.

Die Glasgower Behörden veröffentlichten eine Annonce, in der sie eine Belohnung von 200 Pfund für Informationen boten, die zur Ergreifung des Mörders führten.

Das einzige Beweismaterial gegen Slater, das man als direkte Beweise ansehen könnte, bestand in den Zeugenaussagen derjenigen Personen, die am Abend des Mordes einen Mann die Diele von Miss Gilchrists Wohnung durchqueren sahen (Lambie und Adams) respektive ihn beim Verlassen des Hauses und Entlanglaufen der Straße beobachteten (Barrowman).

Im Prozess – als sie Slater als den Mann identifizieren sollte, der die Wohnung verlassen hatte – gestand Lambie, dass sie sein Gesicht lediglich von der Seite gesehen habe. Man hielt ihr vor – und wies ihr eindeutig nach –, dass sie im Auslieferungsverfahren in New York aussagte, dass sie das Gesicht des Mannes gar nicht gesehen und ihn lediglich an seinem Gang erkannt habe.

Als ihr während des Prozesses Slaters Mantel – derjenige, der in seinem Gepäck gefunden worden war –, gezeigt wurde, erklärte sie sogleich, und zwar noch, bevor er entrollt wurde, dass er nicht wie jener aussehe, den der Mann im Eingangsbereich getragen habe – es war der Mantel. Es war offenkundig, dass sie nicht in der Lage war zu beurteilen, ob es derselbe Mantel sei oder nicht. Lord Guthrie nannte dies in seiner Rechtsbelehrung der Geschworenen als ein typisches Beispiel für die Qualität ihrer Aussagen. Hinsichtlich der bestätigenden Natur ihrer Aussagen im Allgemeinen ist es interessant festzustellen, dass ihre erste Antwort in Amerika, als sie gefragt wurde, ob sie den Mann gesehen habe, lautete: „Einer sieht sehr verdächtig aus, wenn überhaupt." Sie behauptete, dass sie Slater, als sie ihn im Polizeihauptquartier in Glasgow sah, „in seinem eigenen Mantel" wiedererkannt habe. Es handelte sich nachweislich nicht um Slaters Mantel, den er zu diesem Zeitpunkt trug, sondern um einen anderen, mit dem er zum Zweck der Gegenüberstellung bekleidet worden war.

Die Zeugin sah den Mann, der die Wohnung verließ, nur für einen kurzen Moment. Adams und sie widersprachen einander, was ihren Standort zu diesem Zeitpunkt betrifft. Adams erklärte, sie sei auf ihrem Weg in Richtung Küche neben der Standuhr in der Diele gewesen. Wenn dies der Fall war, muss sie dem Mann praktisch den Rücken zugekehrt gehabt haben. Sie behauptet, auf der Schwelle der Eingangstür gestanden zu sein. Wie dem auch sei, sie sah den Mann nur ganz kurz.

Der Zeuge Adams, der erklärte, einen besseren Blick auf den Mann in der Wohnung gehabt zu haben als Lambie, sagte im Prozess aus, dass er auf der Schwelle stand, das Gesicht des ihm entgegenkommenden Mannes sah, dass sich ihre Blicke trafen und dass der Mann langsam auf ihn zukam, Auge in Auge; dennoch wollte Adams nicht weiter gehen als zu sagen, dass Slater dem Mann sehr ähnele. In Hinsicht auf Alter, Bildung und Intelligenz ist seine Aussage höher zu bewerten als die von Lambie und Barrowman. Der Gesuchsteller bittet, besonderen Nachdruck auf die Tatsache zu legen, dass dieser Zeuge eine bedeutend bessere Sicht auf den Mann hatte als alle anderen Zeugen.

Die Zeugin Barrowman sagte im Prozess aus, dass der Mann aus dem Hauseingang gerannt kam, in vollem Lauf an ihr vorbeieilte, wobei er sie leicht anrempelte, und dass er seinen Hut tief ins Gesicht gezogen hatte. Die Zeugin ist ein Botenmädchen von 15 Jahren. Sie sagte ebenso aus, der Mann habe braune Stiefel, einen Donegal-Hut und einen hellbraunen Mantel getragen, sei dunkel und glatt rasiert gewesen und dass seine Nase nach rechts gebogen gewesen sei. Sie behauptete, sie habe alle diese Dinge wahrgenommen, während er im vollen Lauf an ihr vorbeirannte. Im Kreuzverhör des Prozesses sagte diese Zeugin aus

1. dass sie in die entgegengesetzte Richtung unterwegs war, um eine Lieferung zuzustellen; dass sie aber kehrtgemacht habe und in einiger Entfernung hinter dem Mann hergegangen sei; dass sie gedacht habe, er wolle vermutlich eine Straßenbahn erreichen; sie konnte freilich nicht erklären, weshalb sie auf ihrem Weg umgekehrt sei, um einem Mann zu folgen, der in einer belebten Stadt wie Glasgow lief, um eine Straßenbahn zu erreichen.

2. dass sie – obwohl Lambie und sie auf der Überfahrt nach Amerika, die etwa zwölf Tage dauerte, dieselbe Kabine teilten – nicht ein einziges Mal über das Aussehen des Mannes gesprochen hätten und dass sie niemand aufgefordert habe, es nicht zu tun.

Diesen beiden Aussagen vermag der Gesuchsteller kein Siegel der Wahrheit zuerkennen. Dieses Mädchen brachte die gebogene Nase in die Suchbeschreibung. Sie ist der einzige Zeuge, der sie erwähnt. Sie kann das Gesicht des Mannes zwangsläufig nur für einen kurzen Augenblick gesehen haben. Slaters Nase wird mit „nach rechts gebogen" nicht angemessen beschrieben. Sie hat eine auffällige Verdickung in ihrer Mitte.

Alle diese drei Zeugen sahen, wie wir bereits festgestellt haben, den Mann nur für einen kurzen Augenblick, und es steht eindeutig fest, dass man Barrowman, bevor sie Slater in New York identifizierte, seine Fotografie gezeigt hatte und dass sowohl sie wie auch Lambie, bevor sie den Versuch unternahmen, ihn in New York zu identifizieren, ihn zuvor sahen, wie er von einem Gerichtsdiener, der ein Abzeichen trug, in den Sitzungssaal geführt wurde. In ihrer New Yorker Aussage erklärte sie zuerst: „Er sieht ungefähr so aus wie der Mann, den ich sah." Im Prozess in Edinburgh behauptete sie, er sei der Mann gewesen. Diese Tatsachen mindern den Wert der Identifizierungsaussagen dieser Zeugen, falls sie sie nicht gar völlig wertlos machen.

Eine weitere Zeugin, Mrs. Liddell, eine verheiratete Schwester des Zeugen Adams, sagte aus, dass sie um fünf Minuten vor sieben am Abend des Mordes einen dunkel aussehenden, glatt rasierten Mann am Geländer vor dem Straßeneingang von Miss Gilchrists Haus lehnen gesehen habe; dass dieser Mann aber einen schweren Tweedmantel und eine braune Mütze getragen habe. Es ist zu beachten, dass Schutzmann Neil, der um zehn vor sieben am Haus vorbeikam, niemanden dort sah; und dass Lambie, die das Haus Punkt sieben verließ – oder, wie sie in Amerika aussagte, „vielleicht ein paar Minuten vor sieben" – ebenfalls niemanden dort sah. Mrs. Liddell bemerkte auch nicht, wohin der Mann sich wandte; ihr zufolge glitt er einfach aus dem Sichtfeld; und obwohl sie an diesem Abend in Miss Gilchrists Haus blieb und den Leichnam sah, naturgemäß also sehr betroffen von diesem Mord sein musste, erinnerte sie sich erst am Mittwoch nach dem Mord daran, dass sie diesen Mann gesehen hatte. Selbst wenn man ihre Aussage für die volle Wahrheit und glaubwürdig nähme, bietet sie ein ausgezeichnetes praktisches Lehrbeispiel für die Schwierigkeit und hohe Verantwortung, einen Mann aufgrund solcher Aussagen zu verurteilen, denn der Mann, den sie sah, war offenkundig anders gekleidet als der Mann, den die drei anderen Zeugen sahen. Ihre Aussage bringt die Beweislage gegen Slater nicht im geringsten Maße weiter, weil sie erklärte, dass sie gedacht hatte, dieser Mann sei Slater gewesen, aber zugab, dass sie sich irren könne.

Eine weitere Zeugin ist eine junge Frau namens Annie Armour, eine Fahrkartenverkäuferin in der U-Bahn-Station Kelvinbridge, die beschrieb, dass zwischen sieben Uhr dreißig und acht Uhr abends ein Mann, den sie als Slater identifizierte, an ihrem Schalter vorbeigelaufen sei, ohne ein Ticket zu lösen, und dass er sehr aufgeregt gewirkt habe. Lord Guthrie erwähnte diese Zeugin in seiner Rechtsbelehrung der Geschworenen nicht, und der Gesuchsteller glaubt, dass dies mit kluger Überlegung geschah. Bereits die Frage des Zeitpunkts reicht aus, ihre Aussage als nichtig anzusehen. Sie ist sich sicher, dass sich der Vorfall nicht vor sieben Uhr dreißig ereignete. Den anderen Zeugen zufolge muss der Mann spätestens um sieben Uhr fünfzehn aus dem Haus gerannt sein. Es wurde eindeutig festgestellt, dass ein Mann lediglich etwa fünf bis sechs Minuten brauchen würde, um vom Ort der Tragödie zu dieser Station zu gelangen, und zwar sowohl auf direktem Wege wie auch auf dem, den er Barrowmans Aussagen zufolge eingeschlagen hatte. Überdies ist unmöglich anzunehmen, dass sie einen ausreichenden Blick auf den Mann werfen konnte – und sei es auch nur von der Seite –, der in der von ihr beschriebenen Art vorbeirauschte.

Alle Zeugen, die den Mann am Abend des Mordes, also am Montag, sahen, waren sich einig, dass er glatt rasiert war. Es ist zweifelsfrei geklärt, dass Slater am Tag nach dem Mord sowie am darauf folgenden einen kurzen, schwarzen Stoppelbart trug.

Dies waren die einzigen Zeugen der Anklage, die Slater als den Mörder identifizierten. Die Anklage brachte freilich weitere Zeugen vor, um darzustellen, dass Slater vor dem Tag des Mordes mehrfach in der West Princes Street gesehen worden war, wie er dort stand oder auf und ab ging: Mrs. M'Haffie, ihre Töchter und Nichte, Campbell, Cunningham, Bryson, Nairn sowie O'Brien und Walker (zwei Polizisten). Es sei hier angemerkt, dass Slaters Wohnung drei Minuten Fußweg von der West Princes Street entfernt lag.

Diese Zeugen stimmten in ihren Aussagen nicht überein. Einige behaupteten, der Mann, den sie gesehen hatten, sei Slater gewesen; andere, deren Urteil gleichermaßen glaubhaft oder vielleicht sogar glaubhafter war, erklärten lediglich, dass er ihm sehr ähnele. Der Gesuchsteller schlägt in diesem Schreiben vor, sich nicht ausführlich mit

92

diesem Teil der Aussagen aufzuhalten, und begnügt sich mit dem Hinweis, dass zwei Zeugen (Nairn und Bryson) versicherten, sie hätten Slater am Sonntagabend vor dem Mord in der West Princes Street gesehen. Dagegen steht die beglaubigte Tatsache, dass Slater den ganzen Sonntag (Tag und Abend), wie es seine Gewohnheit war, zu Hause verbracht hatte. Drei Zeugen – aus Paris, London und Dublin – haben dies bestätigt. Da sie aus drei verschiedenen Orten kamen, hatten sie keine Möglichkeit, eine Geschichte untereinander abzustimmen.

Während des Prozesses gegen Slater wurde zu verstehen gegeben, dass verschiedene Umstände geeignet seien, eine Atmosphäre des Verdachts gegen ihn aufzubauen; aber es wurde zugegeben, dass sie alle erklärt werden konnten, ohne im Mindesten auf Slaters Schuld als Mörder hinzuweisen. Slater hatte an Cameron geschrieben, er könne sein Alibi für den Tag des Mordes „von fünf Leuten" bestätigen lassen. Als dieser Brief geschrieben wurde, dachte er, der Tag des Mordes sei Dienstag, der 22., gewesen.

Die Aussagen seiner Entlastungszeugen lauteten dahingehend, dass er am Abend des Mordes bis um 18:30 Uhr in einem Billardsalon gewesen sei und anschließend zu Hause zu Abend gegessen habe.

Slater handelte mit Diamanten. Allerdings gab es keinerlei Hinweise darauf, dass irgendetwas an diesem Handel jemals unehrenhaft vonstattengegangen sei. Die Brosche, von der es heißt, sie sei aus Miss Gilchrists Wohnung verschwunden, konnte nicht aufgespürt werden. Nicht der geringste Hinweis wurde entdeckt, der gezeigt hätte, dass Slater irgendwie von Miss Gilchrist und ihrem Haus Kenntnis bekommen haben könnte, und der Gesuchsteller möchte besonderen Nachdruck auf die Tatsache legen, dass es diese vermisste Brosche war, die die Polizei auf Slaters Spur setzte.

Was Slaters Abreise nach Amerika am 25. Dezember 1908 angeht, wurde nachgewiesen, dass er die Absicht, nach Amerika zu gehen, bereits einige Wochen vor dem Mord gebildet hatte. Cameron, Rattman und Aumann bezeugten dies. Den Letztgenannten hatte Slater dazu zu bringen versucht, seine Wohnung zu übernehmen. Der Brief von Jacobs vom 28. Dezember und die Karte mit der Formulierung „Adresse bis 30. Dezember", die als Beweismittel vorlagen, bestätigen diese Abreiseabsicht, die zudem durch die Aussage von Nichols, dem Barbier, attestiert wird.

Am Morgen des 21. Dezember 1908 erhielt Slater zwei Briefe, einen aus London, der besagte, dass seine Ehefrau nach seiner Adresse forsche, und einen aus San Francisco mit der Bitte hinüberzukommen. Über diese beiden Briefe sprach er mit Schmalz, seiner Bediensteten, und Miss Antoine.

Weitere Bestätigungen seiner Reiseabsicht sind die folgenden:

1. Am Morgen des 21. Dezember lieh er beim Pfandleiher Mr. Liddell weitere 30 Pfund auf seine Brosche und versuchte, den Pfandschein noch am selben Tag zu verkaufen.

2. Er schrieb ans Postamt und bat um Auszahlung seines Kontos.

3. Er telegrafierte an Dent in London, ihm unverzüglich seine Uhr zu schicken, die dort repariert worden war.

4. Am Montagmorgen informierte er seine Bedienstete, dass ihre Arbeit ab dem kommenden Samstag nicht mehr benötigt würde (diese Ereignisse geschahen alle vor dem Mord).

5. Am Dienstagmorgen löste er bei einem anderen Pfandleiher ein Fernglas aus, was dessen Assistent Kempton bestätigte und dabei angab, Slater habe nicht im Geringsten aufgeregt gewirkt.

6. Am 23. und 24. Dezember erkundigte er sich in Cooks Reisebüro nach Schiffskabinen und verriet keinerlei Anzeichen von Aufregung; am Abend des 23. besuchte er Johnstons Billardsalon, wie er es häufig zu tun pflegte; und am 24. verbrachte er den Nachmittag rund um Glasgow mit seinem Freund Cameron, der dies bestätigte.

7. Am Freitagmorgen kamen eine Mrs. Freedman und ihre Schwester aus London an, um die Wohnung zu übernehmen, so dass er und Miss Antoine am Freitagabend auszogen.

Um diese Zeit wurde das Gerücht in die Welt gesetzt, dass er bis London gebucht, den Zug aber in Liverpool verlassen habe. Diverse Zeitungen veröffentlichten dieses Gerücht – was ein Vorurteil gegen Slater begründete –, allerdings erwies sich im Prozess nichts davon als zutreffend. Die Polizei war offenkundig durch die Tatsache irregeführt worden, dass er einen Zug nach London bestieg; aber wie sich zeigte, besaß dieser Zug zwei Kurswagen nach Liverpool und Slaters neun Gepäckstücke trugen nachweislich alle Anhänger nach Liverpool. Der Schaffner, der das Gepäck mit den Anhängern versehen hatte, wurde befragt und erklärte, Slater habe ihm gesagt, dass er nach Liverpool reise, und sei dann in einen der Waggons nach Liverpool eingestiegen.

Zu Ungunsten Slaters wurde zur Sprache gebracht, dass er verschiedene Pseudonyme benutzte. Er lebte von seiner Frau seit ungefähr vier Jahren getrennt und lebte seither mit Miss Antoine zusammen. Sie sagte aus, dass

Slaters Frau eine Trinkerin sei und ihm sehr viel Ärger verursacht habe. Einmal nahm er den Namen „George" an,
und als er beim vorigen Mal nach Glasgow kam, nannte
er sich „Anderson". Auf der Fahrt nach Amerika nahm
er den Namen Otto Sando an, weil seine Gepäckanhänger
auf „O. S." lauteten. Gelegentlich behauptete er, Zahnarzt
zu sein. Nichts deutet darauf hin, dass er tatsächlich je
einer war. Miss Antoine erklärte, dass er die Bezeichnung
Zahnarzt annahm, weil er irgendeine offizielle Berufsbe-
zeichnung benötigte, da er ein Spieler war. Viel ist in den
Zeitungen über einen Hammer geschrieben worden, den
man in einem seiner Gepäckstücke gefunden hatte. Dieser
erwies sich als gewöhnlicher, kleiner Haushaltshammer, im
Set mit einigen anderen Werkzeugen zusammen gekauft,
die alle zusammen lediglich zwei Schillinge und einen Six-
pence kosteten. Natürlich nahm er den Hammer mit all
seinen anderen Besitzstücken nach Amerika mit.

Nichts Belastendes wurde in seinem Gepäck gefunden.

Es gibt keinerlei Anhaltspunkt dafür, wie der Mörder
Zutritt zur Wohnung erlangte.

Es wird gewiss eingeräumt werden, dass Identifizierungsaussagen – insbesondere in einem derart schwerwiegenden Fall wie diesem – ausgesprochen sorgfältig erwogen
werden müssen und dass man ihnen nur geringes Gewicht
einräumen sollte, wenn sie nicht vollkommen überzeugend
sind.

Zusammengefasst: Das einzige belastende Material in
diesem Fall besteht in den Zeugenaussagen derjenigen, die
am Abend des Mordes einen Mann flüchten sahen; und wie
gezeigt worden ist, haben diese Zeugen ihn nur für einen
kurzen Augenblick gesehen. Adams hat den Angeklagten
nicht eindeutig identifiziert. Er sagte, er ähnele ihm sehr.

Auf Lambies Zeugenaussage in New York wurde schon Bezug genommen, und ihre Aussagen im Prozess in Edinburgh stimmen nicht mit ihnen überein.

Lambie und Barrowman sahen beide Slater in Gewahrsam der Justiz, bevor sie ihn in New York identifizieren sollten, und letzterer wurde, bevor sie es tat, ein Foto von ihm gezeigt.

Alle weiteren Identifizierungszeugen, die bestätigen sollten, dass sie ihn an Tagen vor dem Mord in der Nachbarschaft gesehen hatten, wurden zum Polizeihauptquartier gebracht, nachdem Slater aus Amerika zurückgekehrt war, um ihn zu identifizieren. Man führte sie alle zusammen in einen Warteraum, danach wurden sie einzeln in ein Zimmer im Polizeiamt geführt, wo sich Slater unter etwa einem Dutzend Männern befand, die ihm nicht ähnelten. (Cunningham erklärt, dass sie erkennen konnte, dass es sich bei den anderen Männern um Polizisten in Zivil handelte.) Alle diese Zeugen wussten, dass Slater aus Amerika angekommen war und dass er sich im Raum befand. Sie hatten durchweg zuvor in den Zeitungen seine Beschreibung gelesen oder ihn auf Fotografien gesehen. Sie alle hielten folglich nach einem dunklen, ausländisch aussehenden Mann mit einer irgendwie auffällig geformten Nase Ausschau – und hatten keine Schwierigkeiten, einen solchen zu entdecken. Es muss festgestellt werden, dass es sich auf diese Weise überhaupt nicht um Identifizierungen in einem angemessenen Sinn handelt. Wären diese Leute ohne Unterstützung einer Beschreibung und ohne Unterstützung von Fotografien in der Lage gewesen, den Betreffenden aus einer Gruppe von Männern herauszuentdecken, der Wert ihrer Aussagen wäre ein ganz anderer.

Einige Zeugen der Anklage konnten ihn als den Mann

identifizieren, den sie gesehen und gesprochen hatten (der Reisebüroangestellte, der Schaffner etc.), aber sie waren natürlich auch dazu in der Lage. Keiner der entscheidenden Identifizierungszeugen hatte je ein Wort mit ihm gewechselt.

Identifizierungen gehören zu jener Klasse von Beweismitteln, denen das Gesetz misstraut. Das berühmteste Zeugnis ist der Fall Adolf Beck. Beck wurde 1896 zu sieben Jahren Zuchthaus verurteilt, weil zehn Frauen unter Eid ausgesagt hatten, dass er jener Betrüger sei, den sie bei zwei Gelegenheiten getroffen und mit dem sie einige Zeit in ihren eigenen Häusern verbracht hatten, sowie aufgrund der Aussagen von zwei Polizisten, die mit völliger Sicherheit beschworen, dass Beck jener Mann sei, der bereits zuvor wegen ähnlicher Verbrechen verurteilt worden war; überdies gab es gewisse weitere Indizien, etwa dass er in einem Hotel als häufiger Gast bekannt war, auf dessen Briefpapier eine der Frauen ein Schreiben erhalten hatte. 1904 wurde Beck erneut aufgrund von Identifizierungen wegen vergleichbarer Verbrechen verurteilt. In der Folgezeit stellte sich heraus, dass Beck kein einziges dieser Verbrechen begangen hatte, sondern alle einem Mann zuzuschreiben waren, der ihm in seiner allgemeinen Erscheinung schlicht ähnelte.

Im Untersuchungsbericht, den die Kommission veröffentlichte, die die Sache damals begutachten sollte – sie bestand aus Lord Collins, Sir Spencer Walpole und Sir John Edge –, findet sich die folgende Passage: „Identifizierungen, die auf persönlichen Eindrücken beruhen – in welchem guten Glauben auch immer – sind von allen Klassen an Beweismitteln diejenige, auf die man sich am wenigsten verlassen kann und die, wenn nicht andere Beweislast hinzukommt, eine unsichere Basis für das Urteil einer Geschworenenjury darstellt."

Keine Frage, die Identifizierungen im Fall Beck waren unvergleichlich eindeutiger und in sich stimmiger als in diesem Fall; und der Bericht im Fall Beck und derjenige, auf den er folgte, machen deutlich, dass die Geschworenen aufgrund einer solchen Beweislage kein Recht hatten, auf „Schuldig" zu erkennen.

Der erfahrene Generalstaatsanwalt hielt sich gegenüber den Geschworenen lange mit Slaters unmoralischem Charakter auf. Unbestritten ist, dass er ein Spieler war. Es wurde auch zugegeben, dass er seit ungefähr vier Jahren mit Madame Antoine zusammenlebte, die von zweifelhaften Sitten ist und als Zeugin aussagte. Allerdings wandte sich der erfahrene Staatsanwalt mit den Worten an die Geschworenen, dass der „Angeklagte einen Lebenswandel führte, der in die tiefsten Tiefen menschlicher Erniedrigung hinabgesunken ist, weil nach dem universalen Urteil der gesamten Menschheit ein Mann, der von den Erträgen der Prostitution lebt, ins Bodenlose gestürzt und in ihm jeder Sinn für Moral zerstört worden ist." Dies führte er als Beweis an, um ein Hindernis auszuräumen, das seiner Argumentation im Weg lag: Ob es nämlich vorstellbar sei, dass ein solcher Mann wie Slater ein derart unmenschliches, brutales Verbrechen verüben könne. Der einzige Hinweis zu diesem Punkt kam von Cameron, einem Freund Slaters, der im Kreuzverhör sagte, er habe gehört, dass Slater vom Verdienst aus Prostitution lebe; freilich konnte er nicht bestätigen, dass dies stimme. Die Geschworenen wurden vom Generalstaatsanwalt, von der Verteidigung und vom Richter ausdrücklich belehrt, alles aus ihren Gedanken zu verbannen, was sie über den Charakter dieses

Mannes gehört hatten; aber sie hatten zuvor dermaßen viel darüber gehört, dass der Gesuchsteller den starken Eindruck hat, dass sie gar nicht anders konnten, als das Gehörte in Betracht zu ziehen.

In der öffentlichen Meinung wird ebenfalls Nachdruck auf den Punkt gelegt, dass die Frage von Slaters Charakter den Geschworenen überhaupt nicht hätte vorgebracht werden dürfen.

Der Gesuchsteller glaubt, dass es dem Angeklagten gegenüber lediglich gerecht ist zu unterstreichen, dass er ständig darauf drängte, in eigener Sache auszusagen. Sein Verteidiger riet ihm, nicht als Zeuge aufzutreten, aber der Grund lag nicht in irgendeinem Bewusstsein einer Schuld. Er hatte den Stress eines vier Tage andauernden Prozesses hinter sich. Er spricht lediglich ein ziemlich gebrochenes Englisch, freilich recht gut verständlich, mit einem starken, fremdländischen Akzent, und er war seit Januar in Haft gehalten worden.

Zusätzlich zu dem, was hier bereits vorgebracht wurde, bittet der Gesuchsteller, Aufmerksamkeit auf die Tatsache zu richten, dass sich auf der Zeugenliste der Name von Miss Agnes Brown (Nr. 46) befindet. Dieses Fräulein ist dreißig Jahre alt und eine überaus intelligente Schullehrerin. Man hat den Gesuchsteller in Kenntnis gesetzt, dass sie der Polizei und dem Staatsanwalt mitteilte, dass am Abend des Mordes gegen zehn Minuten nach sieben Uhr zwei Männer gemeinsam aus Richtung von Miss Gilchrists Haus kommend die West Princes Street entlang liefen und sie an der Ecke West Princes Street und West Cumberland Street passierten; dass einer von ihnen mit einem blauen Melton-Mantel mit dunklem Samtkragen bekleidet gewesen sei, der dazu schwarze Stiefel, aber keinen Hut trug;

dass beide Männer über die Einmündung der West Cumberland Street hinausliefen, immer weiter der West Princes Street nach, bevor sie die Seite wechselten und die Rupert Street hinabliefen, eine Straße, die etwas weiter westlich liegt und in die gegenüberliegende Parallelstraße der West Princes Street führt. Der Gesuchsteller hat erfahren, dass in den zuvor beschriebenen Gegenüberstellungen diese Zeugin Slater als den Mann im Melton-Mantel erkannt haben wollte. Diese Zeugenaussage steht also in scharfem Widerspruch zur Aussage des Botenmädchens Barrowman (die den Mann nur einen kurzen Augenblick sah), auf deren Aussage aber so viel Gewicht gelegt worden ist und die behauptet, dass Slater mit einem leichten Mantel, Donegal-Hut und braunen Stiefeln bekleidet war, alleine gewesen sei und die West Cumberland Street hinablief.

Der Gesuchsteller gibt ehrerbietig zu bedenken, dass dies die Gefahr verdeutlicht, einen Mann aufgrund von Aussagen zu verurteilen, wie sie in diesem Fall gegeben worden sind. Miss Brown hat dem Prozess beigewohnt, wurde aber nicht als Zeugin gehört. Aber selbst bei der vorgetragenen Beweislage hätten die Stimmen von zwei weiteren Geschworenen zu seinen Gunsten den Angeklagten auf freien Fuß gesetzt. In England wäre er mit allerhöchster Wahrscheinlichkeit gar nicht verurteilt worden.

Der Gesuchsteller ist zur Feststellung bevollmächtigt, dass Slaters Verteidigung sich darin einig ist, dass die Beweislage eine Verurteilung nicht rechtfertigte.

Der Gesuchsteller, der die gesamte Zeit als Slaters Anwalt agiert hat, seit er nach dem Auslieferungsverfahren aus Amerika zurückgebracht worden ist, und der sehr, sehr viele Unterredungen mit Slater führte, bittet ehrerbietig feststellen zu dürfen, dass er von Slaters Unschuld vollkommen überzeugt ist.

Möge es dem sehr ehrenwerten Minister für Schottland gefallen, dieses Gesuch mit größtem Wohlwollen zu erwägen und anschließend Ihrer höchst gnadenvollen Majestät zu empfehlen, das königliche Vorrecht dergestalt auszuüben, den Urteilsspruch gegen den Angeklagten aufzuheben oder auf andere Weise zu agieren, die angesichts der Umstände gerecht erscheinen mögen.

Und der Gesuchsteller wird immer inständig bitten.

EWING SPIERS
190 West George Street, Glasgow,
Oscar Slaters Anwalt.

Datiert an diesem siebzehnten Tag des Monats Mai Eintausendneunhundertundneun.

Arthur Conan Doyle

Der Stand des Falles Oscar Slater im Jahr 1927 – eine Nachschrift

Es kann kein Zweifel bestehen, dass der Fall des deutsch-jüdischen Ausländers, der das Pseudonym Oskar Slater angenommen hatte, als ein Beispiel von Rechtsbeugung in die Geschichte der Kriminologie eingehen wird, dessen Ausmaß in den Annalen unserer Gerichtshöfe ganz und gar ungewöhnlich ist. Es hat andere Fälle gegeben, die unmittelbar schwerwiegendere Folgen zeitigten – denn unschuldige Menschen haben ihr Leben auf dem Schafott verloren –, doch diese Fälle, wie beklagenswert auch immer, konnten wenigstens in der Hinsicht als entschuldbar gelten, als die Indizienkette derart stark erschien, dass der Irrtum als verzeihlich angesehen werden konnte. Aber in diesem Fall liegt das Fehlerhafte klar zutage. Es wurde immer und immer wieder nachgewiesen, und an jeden neuen Minister für Schottland wurde ein Gesuch gestellt, stets ohne Erfolg. Anscheinend hat keiner von ihnen sich selbst mit dem Fall befasst, was von essentieller Bedeutung wäre, damit eine wirklich unabhängige Sicht auf ihn ermöglicht würde. Und das Ergebnis ist, dass dieser unglückliche Mann – obwohl jeder einzelne Punkt der Beweisführung gegen ihn zu Staub zerfällt, sobald man ihn berührt – nach achtzehn Jahren immer noch im Gefängnis in Peterhead sein Herz zerfrisst.

Kurz nach seiner Verurteilung veröffentlichte ich ein kleines Buch, um die Unschuld dieses Mannes nachzuweisen [Anm. des Hrsg.: die Teile 1 und 2 dieses Bandes], und ich brachte 1914 eine weitere Version davon heraus, als eine Kommission ernannt wurde, die Sache zu untersuchen, und einige Hoffnung bestand, dass der Gerechtigkeit Genüge getan werde. Die Wirksamkeit dieser Kommission wurde freilich bei ihrer Berufung durch die Begrenzung ihrer Möglichkeiten derart beschnitten, dass Fragen, die für eine ernstzunehmende Neuuntersuchung von entscheidender Bedeutung gewesen wären – einschließlich des Verhaltens der Polizei bei der Vorbereitung des Gerichtsfalles – von der Untersuchung ausgeschlossen wurden.

Danach vermochte ich an irgendein gutes Ende nicht mehr zu glauben, und es ist denkbar, dass ich die Sache nie wieder berührt hätte, wäre da nicht William Park gewesen. Er ist Journalist in Glasgow und hat ungeheuer viel Erfahrung mit wichtigen Kriminalprozessen. Seine Aufzeichnungen in dieser Sache sind glänzend. Von Beginn an zeigte er sowohl einen Sinn für Logik, der ihm eindeutig die Schwachheit der Beweisführung erwies, sowie einen übergeordneten Sinn für Gerechtigkeit, der ihn nicht rasten und ruhen ließ, solange einem hilflosen und freundlosen Mann ein offensichtliches Unrecht angetan wurde. Seit vielen Jahren standen wir in Kontakt in dieser Sache, und seine hartnäckige Zielstrebigkeit hat mich stets bestärkt. Wie ein Spürhund hat er seine Fährten des Verdachts verfolgt, und wie eine Bulldogge hat er nicht mehr losgelassen. Nach für nach wurde das Beweismaterial, das zugunsten Slaters spricht, derart erdrückend, dass ich glaube, jeder

Mensch bei Sinnen, wenn er es gebührend nacheinander erwägt, muss unfehlbar von der vollständigen Unschuld dieses Mannes und von der außerordentlichen Fehlerhaftigkeit des Verfahrens überzeugt sein, das zu seiner fälschlichen Verurteilung führte.

Die Entstehung dieses Irrtums liegt offen zutage. Es wurde angenommen – obwohl nie bewiesen –, dass zur Zeit des Mordes aus Miss Gilchrists Zimmer eine Diamantbrosche verschwand. Wenig später entdeckte die Polizei, dass Slater Glasgow in Richtung Amerika verlassen und eine Diamantbrosche verpfändet hatte. Voreilig scheint sich die Polizei auf die Schlussfolgerung gestürzt zu haben, dass diese Brosche diejenige sein müsse, die aus Miss Gilchrists Besitz vermisst wurde, und dass Slater der Täter gewesen sei. Die verpfändete Brosche gehörte freilich tatsächlich Slater, und die Polizei erfuhr von dieser Tatsache bereits, noch bevor Slater nach Amerika abreiste. Überdies hatte Slater nie ein Geheimnis aus seinen Bewegungen gemacht, die Vorbereitungen für seine Abreise nach Amerika waren in völliger Offenheit vonstattengegangen, und er führte sie auch, nachdem das Verbrechen verübt wurde, in derselben gemächlichen und unbefangenen Weise weiter, wie er es zuvor getan hatte. Daraus ergibt sich, dass sich zum Zeitpunkt von Slaters Abreise bereits erwiesen hatte, dass die Brosche aus seinem eigenen Besitz stammte und damit offenkundig nicht mehr der geringste Zusammenhang bestand, der ihn mit dem Verbrechen in Verbindung brachte. Wie konnte es nach dieser Lage der Dinge dazu kommen, dass man ein Telegramm nach New York schickte, ihn bei seiner Ankunft zu verhaften? Es ist schier unmöglich, nicht zu der Schlussfolgerung zu kommen, dass dieses Telegramm ein schwerwiegender Missgriff gegenüber Slater war.

Jedes Verdachtsmoment gegen Slater zerfällt zu Staub, sobald man es untersucht. Da war diese Brosche. Wir haben gesehen, was daraus wurde. Dann kam die Idee, dass er aus Glasgow geflohen wäre. Dies spielte im Prozess eine gewichtige Rolle, obwohl sich zu dieser Zeit jeder unvoreingenommene Betrachter im Klaren gewesen wäre, dass die Abreise lange zuvor arrangiert worden war und dass Slater im Gästebuch seines Liverpooler Hotels seinen eigenen Namen angegeben hatte – was bei einem Mann unbegreiflich gewesen wäre, der Grund gehabt hätte, Verfolgung zu fürchten. Auch dieses Verdachtsmoment ist dahin. Dann ist da die Frage des Motivs. Es gab kein mögliches Motiv. Die Absicht des Täters galt offenbar bestimmten Papieren, denn er erbrach eine Schatulle, die Papiere enthielt, und ließ Wertgegenstände unberührt, die vor seiner Nase lagen. Nie konnte ein Verbindungsstück zwischen Slater, einem Fremden in der Stadt, und dieser zurückgezogen lebenden alten Dame aufgespürt werden. Was hätte er mit ihren Papieren anfangen sollen? Die Idee ist lächerlich. Und dann ist da die Waffe. Ein kleiner Hammer aus einem Set für eine halbe Krone wurde in Slaters Koffer gefunden. Er zeigte nicht die geringsten Blutspuren, auch keines seiner Kleidungsstücke. Und doch wurde behauptet, dies sei die Waffe gewesen, mit der die schrecklichen Verletzungen beigebracht wurden. Fehler folgte auf Fehler – einer absurder als der andere. Und als Krönung von allem kommen noch die Identifizierungen hinzu, die von der denkbar schlechtesten Beschaffenheit waren. So sahen sie aus, die Flicken und Fetzen, aus denen sich die Staatsanwaltschaft eine Anklage bastelte.

Nach dem Prozess ist eine neue Zeugin aufgetaucht, deren Aussage Slater nicht nur entlasten würde, sondern zugleich der Ausgangspunkt für eine wirkliche Ermittlung zu sein scheint, obwohl die Spur im Lauf der Jahre ziemlich erkaltet ist. Diese Frau wurde vom Täter auf seiner Flucht angerempelt. Der Flüchtende, behauptet die Zeugin, habe Slater nicht im Geringsten geähnelt, trug aber Kleidung mit Auffälligkeiten, die sich ihr deutlich einprägten.

Wer trägt die Schuld an diesem schwerwiegenden und nach wie vor bestehenden Fehlurteil? Das waren – in größerem oder kleinerem Ausmaß – viele. Man muss Richter Guthrie vorwerfen, dass er jene Punkte nicht zur Geltung brachte, die Licht auf die Wahrheit geworfen hätten, und dass er unbewusst gegen den Angeklagten eingestellt war. Der Generalstaatsanwalt trägt Schuld, weil seine Anklagerede hitzig und ohne Maß war und Aussagen enthielt, die den Tatsachen nicht entsprachen und dennoch unwidersprochen vom Richter zugelassen wurden; diese Aussagen waren darauf kalkuliert, tiefen Eindruck auf die Stimmung der Geschworenen zu machen. Jene Zeugen sind zu tadeln, deren Aussagen sich zu verschiedenen Zeiten und im Lauf der Verhandlungen immer wieder änderten. Allen aufeinanderfolgenden Ministern für Schottland ist vorzuwerfen, dass sie sich nicht selbst darum bemüht haben, die offensichtliche Wahrheit herauszufinden. Sheriff Millar hat durch die Leitung des augenwischerischen Komitees von 1914 Schuld auf sich geladen, aber vor allen anderen sind es der Staatsanwalt und die Polizei, die die Ermittlungen führten, die die schwerste Schuld tragen.

Es gibt ein, zwei Lichtblicke in der allgemeinen Dunkelheit. Einer ist die unermüdliche und selbstlose Arbeit William Parks. Ein anderer ist die ehrliche Arbeit des Polizeianwalts Cook, der nie sein Knie vor Baal beugte und als Konsequenz daraus einiges zu erleiden hatte. Aber zuallererst zu nennen ist der heldenhafte Kriminalbeamte mit Namen Trench, der sich durch die Verteidigung des Rechts die Laufbahn ruinierte. Trench ist eher einer dieser wundervollen Helden aus Charles Reades Romanen als ein Mensch aus dieser Alltagswelt. Er trug die Medaille des Königs und war einer aus der zuverlässigen Gruppe, die man abstellte, um die königliche Hoheit bei ihren Besuchen in Schottland zu schützen. Er machte sich innerhalb der Glasgower Polizei einen Namen und erwarb sich einen derart guten Ruf, dass andere Städte um seine Unterstützung baten, wenn es galt, einen besonders schwierigen Fall aufzuklären. Von Beginn an scheint er im Fall Slater auf der richtigen Fährte gewesen zu sein, war jedoch nicht in der Lage, Einfluss auf die Handlungen seiner Vorgesetzten zu nehmen. Das ließ ihm keine Ruhe und schließlich fühlte er sich genötigt, seine ganze Laufbahn und Pension für das Bestreben zu riskieren, seine Ansichten an die Öffentlichkeit zu bringen. Um dies zu tun, war es notwendig, bestimmte Sachverhalte offenzulegen, die er im Lauf seiner beruflichen Pflichten erfahren hatte, und dies stand örtlichen Gesetzen der Polizeigewalt entgegen, wie sehr es auch immer im Interesse der Öffentlichkeit gewesen wäre. Da Trench dies wusste, bat er angesichts des möglichen Zorns seiner Vorgesetzten vorab beim Ministerium für Schottland um die Zusicherung von Straffreiheit, und erst mit erfolgter Zusicherung dieser Straffreiheit trat er an die Öffentlichkeit. Die Folge – schockierend, dies feststellen zu müssen – bestand darin, dass er unmittelbar danach aus dem Polizeidienst entlassen wurde und seine Pension verlor, und zwar genau als die Bestrafung, die er vorausgesehen hatte und von der er dachte, dass er sich gegen sie abgesichert habe.

Es kam allerdings noch schlimmer, und der Fall Trench

stellt einen Skandal dar, der nur jenem nachsteht, aus dem heraus er entstand. Trench und Cook, der Anwalt, der mit ihm zusammengearbeitet hatte, wurden sogleich wegen einer Beschuldigung verhaftet, die dermaßen lächerlich war, dass der Richter sie mit einem lauten Lachen fallen ließ. Cook nahm sich die Sache allerdings schwer zu Herzen, und es heißt, das habe zu seinem Tod wenig später beigetragen. Trench erwarb sich in Verbindung mit dem Krieg einige Verdienste und war noch vor seinem Ausbruch daran beteiligt, die Verhaftung von Dr. Karl Graves sicherzustellen, einem der wichtigsten Spione des Auslands, der Pläne der Forth Bridge besaß. Dennoch war er von der Zeit seiner Ungnade an ein geschlagener Mann, und er verfiel einem Niedergang, aus dem er sich nie wieder erhob. Es ist gewiss eine äußerst bemerkenswerte Tatsache, dass Slater 1909 nur 24 Stunden davon entfernt war, gehängt zu werden, und dass er nun noch am Leben ist, während Richter Guthrie, der Staatsanwalt Hart, Lambie, die Hauptzeugin, Millar, der Vorsitzende des Komitees, Trench und Cook, die zwei Männer, die um der Gerechtigkeit willen kämpften, und etliche weitere Hauptpersonen verstorben sind.

Man sollte, auch auf die Gefahr einer Abschweifung hin, von Trenchs Arbeit im Fall Dundee sprechen, der zeitlich nahe auf den Slaters folgte und mit ihm einige merkwürdige Ähnlichkeiten aufweist. Ein Mord war begangen worden und wurde einem durchreisenden amerikanischen Bohemien namens Warner zugeschrieben. Der Mann wurde in Maidestone verhaftet und von einem Dutzend Zeugen identifiziert; ein Zeuge brach in Tränen aus und erklärte: „Ich weiß, dass ich ihm den Strick um den Hals lege, aber dies ist der Mann." Trench jedoch untersuchte die Sache genauer und wies durch eine Fahrt nach Antwerpen nach, dass der Angeklagte dort eine Weste verpfändet hatte, und zwar gerade zu der Zeit, als er in Dundee den Mord begangen haben sollte. Trenchs Arbeit im Fall Slater war gleichermaßen gerecht und intelligent, doch man ruinierte ihn dafür, und dies, obwohl ihm, wie er glaubte, völlige Freiheit zu sprechen zugesichert worden war.

Von Zeit zu Zeit vernimmt man Nachrichten vom armen Slater hinter seinen Gefängnismauern, wie das Wehklagen eines Reisenden, der in einen Abgrund gestürzt ist und von den vorbeikommenden Passanten Hilfe erfleht. Nach Ablauf von fünfzehn Jahren wird einem Lebenslänglichen gewöhnlich der Rest der Strafe erlassen, aber Slaters Leidenszeit hält nun seit fast zwanzig Jahren an. Ich hege keinen Zweifel, dass er – verrückt gemacht durch die Ungerechtigkeit und im Bewusstsein seines verlorenen Lebens und der dahingehenden Jahre – gelegentlich in einen wilden Protest ausbricht, den man ihm negativ anrechnet. Ich frage mich, wer von uns größere Zurückhaltung zeigen würde. Ich möchte hier festhalten, dass ich in Kontakt mit einigen Mitgefangenen stehe, die mittlerweile freigekommen sind, und dass sie alle darin übereinstimmen, dass seine Unschuld unter seinen Vollzugsgefährten unstrittig ist, und man kann sich keine fachkundigeren Geschworenen vorstellen als diese. Einmal gelang es ihm, einen verzweifelten Hilfeschrei auf satiniertem Papier hinauszuschmuggeln, das ein Kamerad in seinem Mund versteckte. Ich konnte, leider!, nicht mehr tun, als was ich bereits zuvor versucht hatte. Immerhin sandte ich unter dem starken Eindruck dieser Nachricht ein neuerliches Gesuch an den derzeitigen Minister für Schottland und erhielt das übliche Formschreiben als Antwort. Wahrlich, einige dieser Herren werden eines Tages ihre Rechnung präsentiert bekommen.

Im Jenseits gibt es keine Freude, bevor man nicht die vollständige Vergebung all jener Personen erhalten hat, denen man Unrecht tat.

Schließlich müssen wir uns fragen: Was kann heute getan werden? Ich fürchte, für Slater kann äußerst wenig getan werden. Wer kann ihm die vergeudeten Jahre zurückgeben? Aber sein Name muss von jeder Schuld befreit werden, und vielleicht sollte ihm eine kleine Versorgungszahlung für sein Alter gewährt werden. Er ist achtundfünfzig, also wird es ihm schwerfallen, sich ein neues Leben aufzubauen. Aber vor allem – um der Glaubwürdigkeit der britischen Justiz willen, um der Disziplin der Polizeigewalt willen und als Lehre an die Obrigkeit, dass sie der Öffentlichkeit gegenüber ihre Pflichten zu tun habe – müsste eine durch und durch transparente Untersuchung der ganzen Sache in die Wege geleitet werden. Aber es muss eine wirkliche Untersuchung sein, mit unparteiischen Männern, denen es nur um Wahrheit und Gerechtigkeit zu tun ist. Erst wenn dies erfolgt ist, wird die öffentliche Meinung zur Ruhe kommen.

Der Fall hat weitreichendere Bedeutung, als es auf den ersten Blick erscheint. Er bietet eine Gelegenheit, hinter die Kulissen zu blicken. Wichtige Beweismittel zugunsten Slaters scheinen unbeachtet geblieben zu sein, und diese Versäumnisse rufen nach umfassender und gewissenhafter Untersuchung und Erklärung.

Unter den verschiedenen Zeugen, von denen man annahm, dass sie zugunsten Slaters ausgesagt hätten, war einer, dessen Aussage die Theorie der Polizei vollständig durchkreuzt hätte, und dennoch wurde er überhaupt nicht zur Kenntnis genommen. Der Mann, auf den ich mich beziehe, heißt McBrayne. Die Institution des Berufungsgerichts wird dem Fall hier nicht gerecht, so dass dies sowohl ein englisches wie ein schottisches Problem ist. Solch eine Berufung prüft nur Aussagen und Vorgänge, die im Prozess eine Rolle spielten, aber in diesem Fall Slater – und möglicherweise in vielen anderen – war der Richter ebenso schlecht informiert wie die Geschworenen oder die Öffentlichkeit, was die tatsächlichen Fakten angeht. Unser Polizei- und Justizwesen sind gegenwärtig wahrscheinlich die besten in der Welt, aber wir haben es hier mit einem Schandfleck zu tun, der überprüft und ausgemerzt werden muss. Es geht nicht nur um Slaters Unschuld – so wichtig dies individuell gesehen ist –, sondern um den grundsätzlichen Schutz von Angeklagten. Wenn dieser erreicht werden könnte, dann hätte das Leiden dieses einzelnen Mannes wenigstens einen gewissen Sinn und ein gewisses Ergebnis gehabt.

Was wir brauchen, ist eine Reform unseres Kriminalsystems, die Ernennung einer übergeordneten Instanz, die die interne Arbeit der Polizei in England und der Staatsanwälte in Schottland bei der Vorbereitung eines Falles überprüft und untersucht. Lambie, eine entscheidende Zeugin in diesem Fall, hat vor Gericht in New York – und zwar ziemlich früh innerhalb des Verfahrens – ausgesagt, dass ihre Zeugenaussage derart viele Male geschrieben und umgeschrieben worden sei, dass sie selbst es nicht zählen konnte. „Öfter als ich Ihnen sagen kann", erklärte sie. Die Wahrheit braucht nicht solches Korrigieren und Redigieren.

Es ist zu hoffen, dass eine solche übergeordnete Instanz, wie sie vorgeschlagen wird, empfiehlt, dass die leitenden Polizeibeamten und Staatsanwälte, die einen Gerichtsprozess vorbereiten, durch strenges Gesetz verpflichtet sind, die Freunde des Angeklagten mit jedwedem Ermittlungsergebnis bekannt zu machen, das zu seinen Gunsten spricht. Dieser Mann McBrayne beispielsweise stand in Verbindung mit der Polizei, doch die Verteidigung scheint von seiner Existenz überhaupt nichts erfahren zu haben. Außerdem sollte es als schwerer Verstoß der Polizei oder des Staatsanwalts gewertet werden, wenn sie aus Unachtsamkeit oder anderen Gründen irgendwelche Beweismittel vor Gericht zurückhalten. Es ist schlicht unvorstellbar, dass sich ein Ehrenmann wie der Generalstaatsanwalt erlaubt hätte, solche Aussagen zu treffen, wie er es getan hat, wenn er über die tatsächlichen Fakten, die der Polizei vorlagen, angemessen instruiert worden wäre. Den Einwand, es sei die Aufgabe der Verteidigung, eigene Ermittlungen anzustellen und eigene Erörterungen des Falles zu geben, kann ich nicht gelten lassen. Die Nachforschungen liegen in den Händen der Polizei, und sie erwirbt ein Insider-Wissen, das die Verteidigung niemals erlangen kann. Die Polizei kann mit besten Rechtsgelehrten aufwarten, um ihre Sicht des Falls zu untermauern, während der Angeklagte, wenn er ein armer Schlucker ist, nehmen muss, was er kriegen kann. Wenn – versehentlich oder aus anderen Gründen – ermittelte Fakten zurückgehalten werden, kann ein Angeklagter bereits ein verurteilter Mann sein, bevor er überhaupt die Anklagebank betritt. Leitende Polizeibeamte und Staatsanwälte sollten persönlich dafür verantwortlich gemacht werden können, wenn durch die Zurückhaltung von Beweismaterial zugunsten des Angeklagten (wie unabsichtlich sie auch immer gewesen sein mag) ein Fehlurteil gefällt wird.

Ein Schriftsteller des 18. Jahrhunderts schrieb: „Die Gerichtshöfe müssen ständig daran erinnert werden, dass sie nicht über der Öffentlichkeit stehen, sondern die Öffentlichkeit über ihnen." Diese Erinnerung ist im 20. Jahrhundert so nötig wie im 18. Jahrhundert. Und unter „Gerichtshöfe" müssen wir die gesamte Maschinerie der Justiz verstehen. Die Enthüllungen des Falles Slater zeigen, dass kein Mann und keine Frau sicher sind, wenn die Umstände gegen sie zu sein scheinen. Durch einen merkwürdigen Zufall hat Richter Avory vom Gerichtshof gerade, da ich diese Zeilen schreibe, festgestellt: „Die Beweisführung ist unbefriedigend, weil den Zeugen vor der Identifizierung Fotos gezeigt wurden." Wenn Richter Guthrie dieselbe Ansicht vertreten hätte, wie anders hätte die Anklage gegen Slater ausgesehen? Wahrhaftig, es ist eine beklagenswerte Geschichte des offiziellen Versagens von Beginn bis Ende. Aber achtzehn Jahre sind ins Land gegangen, und ein unschuldiger Mann trägt noch immer Sträflingskleidung.

Michael Klein

Arthur Conan Doyle –
Der Ritter der
aussichtslosen Fälle

Arthur Conan Doyle (1859–1930), der Erfinder der un-
sterblichen literarischen Figur Sherlock Holmes, war ein
Leben lang intensiv an Kriminalfällen interessiert. Nicht
nur an den erdachten, wie denen eines Edgar Allan Poe
(1809–1849), den Conan Doyle bewunderte und dessen
Mastermind, der Chevalier César Auguste Dupin, mit seinen scharfsinnigen Lösungen verzwickter und schier un-
auflösbarer Fälle in *Die Morde in der Rue Morgue* (1841),
Das Geheimnis der Marie Rogêt (1843) und *Der entwen-
dete Brief* (1845) zu einem entscheidenden Vorbild seines
eigenen Holmes wurde. Nein, von frühen Jahren an gehörte Conan Doyles Interesse ebenso den wahren Verbrechen, die ihn – und in spektakulären Fällen die schottische
und englische Öffentlichkeit nicht minder – erschreckten
und in Atem hielten. Etliche Sherlock-Holmes-Motive
und -Fälle verdanken ihren Ursprung realen Missetaten,
die der Mitwelt kriminalistisch, psychologisch oder mora-
lisch Rätsel aufgaben. War Edgar Allan Poe Conan Doyles
wichtigster literarischer Einfluss, so ein gewisser Dr. Joseph Bell (1837–1911) derjenige aus der Wirklichkeit.
Bell war ein Pionier der Forensik, ein Mann, dessen präzise Beobachtungsgabe, Klarheit in den Schlussfolgerungen

und Gewissenhaftigkeit in der wissenschaftlichen Ergründung unentdeckter Zusammenhänge seine Kollegen und Medizinstudenten an der Universität von Edinburgh beeindruckten. Einer dieser Studenten wurde Arthur Conan Doyle, damals noch im späten Teenageralter, den Bell überdies wenig später zu einem seiner Assistenten machte. Bis zu seinem Studienabschluss 1881 wurde Conan Doyle in Bells pathologische, toxikologische, graphologische und chemische Forschungen miteinbezogen und gewann ein ausgeprägtes Interesse an wissenschaftlicher Kriminalistik, die damals noch ein völlig neues, soeben erst im Entstehen befindliches Feld war.

Sherlock Holmes, der ein Meister darin wird, aus der Untersuchung und Summe feinster, von anderen als nebensächlich oder belanglos eingestufter Details durch messerscharfe Logik und gewissenhafte Untersuchung den Leser verblüffende, komplexe, aber folgerichtige Schlussfolgerungen zu ziehen, ist einerseits fraglos eine eigenständige Erfindung Conan Doyles; andererseits verdankt sie Poes Dupin und Joseph Bell als Vorbildern einiges. Holmes' erster Fall, „Eine Studie in Scharlachrot", der 1887 in Buchform erschien, wurde bereits ein literarischer Achtungserfolg, doch die Breitenwirkung und enorme Popularität der Figur setzten ein, als drei Jahre später die Sherlock-Holmes-Erzählungen in den auflagenstarken, vielgelesenen Magazinen wie *Lippincott's* und *The Strand* zu erscheinen begannen. Für das *Strand Magazine* brachten die Holmes-Erzählungen eine sensationelle Blütezeit, die Auflage stieg binnen kurzem von 300.000 auf 500.000 Exemplare.

Conan Doyles allgemeines Interesse an wahren Verbrechen konnte fortan nicht passiv bleiben, weil seine Erfindung Holmes in ihrem breiten Publikumserfolg dazu führte, dass er in aktuelle Fälle hineingebeten und hineingezogen wurde. Wer einen solch perfekt konzentrierten und alle Möglichkeiten eines Falles präzise durchspielenden Detektiv wie Holmes erfinden und glaubhaft in Szene setzen konnte, musste selbst einen ihm verwandten Geist haben, dachten kluge und gut unterrichtete Leute. Weniger kluge und weniger gut unterrichtete Leute baten umständelos die Fiktion um Hilfe. Schrieb diese Erzählungen, nein: Berichte und Aufzeichnungen, nicht ein gewisser Arzt namens Watson, der seine Kenntnisse aus allererster Hand und unmittelbarer Freundschaft mit dem Detektiv bezog? Und gab es da nicht in den Berichten die konkrete Adresse desselben in der *Baker Street 221B* zu lesen? Tatsächlich erhielt der nicht existente Sherlock Holmes unter der nicht existierenden Adresse regelmäßig Post mit Gesuchen, Anfragen, verzweifelten Hilferufen und langen Schilderungen komplizierter, ungelöster Nöte und Fälle, die die Londoner Post mit bewundernswert professioneller Selbstverständlichkeit an Conan Doyle weiterleitete. So las sich dieser regelmäßig durch derlei Bitten und Erörterungen, und soweit es ihm Zeit und Möglichkeiten erlaubten, erteilte er Rat oder vermittelte.

In mehrere Fälle griff er allerdings ganz entschieden, mit Ausdauer und großer Überzeugungskraft ein. Die beiden berühmtesten wurden der Fall Edalji und der Fall Oscar Slater, die ihn über Jahre beschäftigten und ihn als engagierten Kriminalisten sahen, der in aussichtslos scheinender Sache durch zähes Ringen, beharrliches Nachforschen und Kombinieren entscheidende Wendungen herbeiführte. Der Fall Edalji, den heutige deutsche Leser möglicherweise aus der freien Romanvariante *Arthur & George* (2005, deutsch 2007) von Julian Barnes kennen, geht zeitlich voraus und nimmt für Doyle seinen Anfang mit einem Brief, den er im Dezember 1906 erhält – da gilt der Fall, um den es geht, längst als abgeschlossen. Der Verfasser heißt George Edalji. Er hat drei Jahre im Zuchthaus zugebracht und ist nun ordnungsgemäß entlassen und wieder auf freiem Fuß. Edaljis Anliegen ist einfach, ernsthaft und überzeugt Conan Doyle: Edalji behauptet, unschuldig zu sein, und er möchte, dass diese Unschuld bewiesen und anerkannt wird. Der Tonfall und die Art des Briefes zeigen Conan Doyle die Dringlichkeit des Anliegens und erwecken in ihm den Eindruck, dass Edalji glaubwürdig ist. Doyle beschließt, sich mit den Fakten näher vertraut zu machen.

Der Fall Edalji

Der Fall beginnt mehr als dreieinhalb Jahre zuvor. im Februar 1903, in einem kleinen Nest namens Wyrley in Staffordshire. Zunächst wirkt alles lediglich bizarr. Ein Pferd wird des Nachts getötet, mit einer scharfen Waffe aufgeschlitzt und verstümmelt; dem Täter geht es offensichtlich nicht um den schnellen Tod des Tieres, er lässt es aus allen Wunden blutend, tödlich verletzt, aber noch lebend zurück. Der Anblick am nächsten Morgen ist schauderhaft.

Zwei Monate später ereignet sich in derselben Gegend ein vergleichbarer Vorgang. Erneut wird ein Pferd grausam zugerichtet, wieder wird es im Ausbluten vom Täter liegen gelassen. Es ist der Beginn einer Serie. Die Abstände werden kürzer, die Gewalttaten immer blutrünstiger: mehrere Schafe, Kühe und wieder Pferde werden auf schreckliche Weise getötet.

Die Polizei steht vor einem Rätsel, die Ermittlungen ergeben keine Spur. Doch ab Juli gehen regelmäßig Briefe bei der Polizei ein, die zwar wechselnde Absendernamen tragen, jedoch von stets derselben Person zu kommen scheinen. Der Verfasser der Briefe behauptet, Teil einer Bande zu sein, die die Tiermorde verübe; seine Schilderungen beschreiben präzise und ohne den allergeringsten Anflug von Bedauern oder gar Gewissensnöten seine Beteiligung an den blutigen Taten. Zu den Merkwürdigkeiten dieser Schreiben gehört, dass der Verfasser verschiedentlich Namen nennt, mehrfach ist von „Edalji, dem Anwalt" die Rede.

Die Bevölkerung ist entsetzt und besorgt, die sadistische Grausamkeit der Tiermorde dringliches Ortsgespräch. Und doch scheint dies alles erst der Anfang zu sein. Am 10. Juli erhält die Polizei ein neuerliches Schreiben mit einer ebenso konkreten wie unmittelbar alarmierenden Ankündigung: Ab November, behauptet der Brief, werde die Bande von Tieren zu Menschen übergehen und binnen weniger Monate zwanzig kleine Mädchen so zurichten, wie sie es zuvor mit den Pferden, Schafen und Kühen getan habe.

Abgesehen von den Briefen, aus denen sich jedoch keine verfolgenswerte Spur ergibt, ist die Polizei ohne Anhaltspunkt. Die nächtlichen Wachen werden noch einmal verstärkt, die Nerven sind zum Zerreißen gespannt.

Dann findet man eines Morgens wieder ein schwer verletztes Tier auf einer Weide, ein Pony mit aufgeschlitztem Bauch. Niemand hat die Tat beobachtet, niemand kann einen Hinweis geben, noch immer tappt die Polizei völlig im Dunkeln.

Aber weil in den anonymen Briefen wiederholt jener „Edalji, der Anwalt" erwähnt wird, konzentriert sich die

Polizei jetzt auf ihn. Man eilt zum Haus der Edaljis, untersucht George Edaljis Kleidung – er selbst ist zu diesem Zeitpunkt unterwegs nach Birmingham zu seiner Arbeitsstelle –, findet Erde an seinen Stiefeln, Tierhaare an seinem Mantel. Die Tierhaare werden untersucht, es heißt, sie würden zu denen des verletzten Ponys passen. Wenige Stunden später wird Edalji in Birmingham verhaftet.

George Edalji, der Sohn eines dunkelhäutigen indischen Einwanderers, von Beruf Vikar von Wyrley, und einer Schottin, ist ein scheuer, vielleicht scheu gewordener, Mensch, der seine Zurückgezogenheit liebt und selten ausgeht. Er ist von Körperstatur klein, vergleichsweise hellhäutig, besitzt aber auffallend hervorstechende Augen. In Birmingham hat er Jura studiert, gilt als begabt und arbeitet dort als junger Anwalt. Seinen Lebensunterhalt kann er davon noch nicht bestreiten, deshalb fährt er allabendlich nach Wyrley zurück, wo er weiterhin bei seinen Eltern lebt.

Im Oktober findet der Prozess statt. Erde an den Schuhen, Tierhaare auf dem Mantel – auf diesem Niveau befindet sich die Beweisführung. Edaljis Vater behauptet freilich, er sei dabei gewesen, als die Polizei den Mantel mit den angeblichen Tierhaaren darauf fand, habe den Mantel selbst beim hellen Fensterlicht untersucht und keine Tierhaare darauf ausfindig machen können. Eine Aussage, die keinen Eindruck auf die Geschworenen macht – ein Vater, der seinen Sohn zu retten versucht, du meine Güte. Schließlich tritt ein Handschriftenexperte als Gutachter auf. George Edalji habe die anonymen Briefe selbst geschrieben, lautet seine Expertise. Das hingegen macht Eindruck. Hatte Jack the Ripper nicht anderthalb Jahrzehnte zuvor ebenfalls seine Taten genauestens beschrieben und weitere Gräueltaten angekündigt?

George Edalji wird für schuldig befunden und zu sieben Jahren verurteilt. Zweifel an seiner Schuld gibt es von Anfang an. Unterschriftenaktionen fordern einen neuen Prozess, auch Juristen bezweifeln, dass die Sachlage für eine Verurteilung ausreiche. Stimmen werden laut, das Urteil habe von Beginn an festgestanden.

Die offiziellen Stellen rühren nicht am Urteil an sich, lassen Edalji aber nach drei Jahren frei. Für Edalji ist das kein Trost. Er ist vorbestraft, juristisch gilt er nach wie vor als schuldig. Seine Anwaltslaufbahn kann er unter diesen Umständen abschreiben. Sein Anliegen ist ebenso schlicht wie nachvollziehbar: Er ist unschuldig und möchte, dass dies auch offiziell festgestellt wird. Er will nicht ein Leben lang als verurteilter Täter bestialischer Grausamkeiten gelten. Arthur Conan Doyles Gerechtigkeitsgefühl sieht das genauso. Wenn Edalji tatsächlich unschuldig ist, soll die Welt es wissen und die Justiz bestätigen.

Doyle trifft sich mit George Edalji in London, reist nach Wyrley, spricht mit dessen Familie, begutachtet die Tatorte, prüft die Indizien. Nichts hält stand. Vor allem ein Sachverhalt ist offensichtlich und dennoch vor Gericht überhaupt nicht zur Sprache gekommen: Edaljis Augen sind nicht nur auffällig hervortretend, sie können kaum etwas sehen. Doyle, Arzt und selbst Brillenträger, fällt das sofort auf. Edalji trägt lediglich deshalb keine Brille, weil seine Sehschwäche derart ausgeprägt ist, dass es keine Gläser gibt, die dem abhelfen könnten.

Doyle lässt Edaljis Augen von einem Experten untersuchen und prüft vor Ort in Wyrley die Wege, die Edalji bei nächtlicher Dunkelheit hätte nehmen müssen, um die ihm zur Last gelegten Taten zu begehen. Abhänge, Böschungen, Schienengleise, steile Treppen, unwegsames Gelände – Doyle wird klar, dass Edalji der Täter gar nicht sein kann, dass er mit seiner Sehschwäche die teilweise schwierigen Wege in der angenommen zur Verfügung stehenden Zeit und bei großer Dunkelheit gar nicht hätte meistern können. Die Anklage war absurd. Nur: Vor Doyle hat das niemand überprüft!

Doyle, von Edaljis Unschuld inzwischen selbst vollkommen überzeugt, geht an die Öffentlichkeit. Er schreibt eine Reihe von Zeitungsartikeln über den Fall, die im *Daily Telegraph* und wenig später in der *New York Times* erscheinen. Die Artikelserie erregt Aufsehen, seine Weltberühmtheit als Autor führt dazu, dass der Fall in die internationale Wahrnehmung gerät.

Ein starker Druck der Presse und in seinem Gefolge der Öffentlichkeit sind die Folge. Die Einrichtung eines Untersuchungsausschusses wird beschlossen, der die Ermittlungen der Polizei und das Verfahren noch einmal gewissenhaft prüfen soll. Das Ergebnis ist halb erfreulich, halb zwiespältig. Offiziell wird nun festgestellt, dass Edalji tatsächlich nicht der Täter war und dass die Polizei mit vorgefasster Meinung gegen ihn ermittelte. Freilich habe Edalji selbst ihrem Irrtum Vorschub geleistet, indem er der Verfasser der anonymen Briefe gewesen sei. Eine Entschädigung für die zu Unrecht verbrachten Jahre im Gefängnis wird Edalji nicht zugedacht, aber er ist nicht mehr vorbestraft und wird wieder als Anwalt zugelassen. Was bleibt, ist ein Makel seines Rufs – der Verfasser bizarr-geistesgestörter anonymer Briefe zu sein. Für jedweden wäre dieser Ruf nicht eben förderlich, als Ausweis der Seriosität eines Anwalts ist er besonders nachteilig.

Arthur Conan Doyle ist nicht zufrieden. Er hegt nicht den geringsten Zweifel, dass George Edalji an den anonymen Briefen ebenso schuldlos ist wie an den blutigen Tier-verstümmelungen. Auch dies will er jetzt beweisen.

Das Ausgangsmaterial seiner Überlegungen sind die betreffenden Briefe, die er sowohl wortwörtlich wie im übertragenen Sinn genauestens unter die Lupe nimmt. Doyle stellt fest: In ihnen spiegeln sich Unterschiede in Bildung, Wortwahl und Verhaltensbeschreibungen. Zudem haben Doyles eigene Ermittlungen zur Folge, dass er nun selbst ins Visier der Täter gerät und von ihnen ebenfalls mit neuen anonymen Briefen bedacht wird. Ihre Drohungen sind unmissverständlich und auf wirre Weise brutal: Wenn er seine Nachforschungen nicht einstelle, werde man ihm die Zunge oder die Eingeweide herausschneiden, er habe nur noch ein kurzes Leben vor sich. Während die Täter glauben, Doyle damit einschüchtern und mundtot machen zu können, liefern sie ihm tatsächlich weitere Hinweise, die sein Urteil ständig schärfen und mit neuen Details konkretisieren.

Die offiziellen behördlichen Stellen haben derweil keine Probleme, die anonymen Briefe an Doyle zu erklären – Edalji sei auf freiem Fuß, er sei wieder in seiner zwanghaften Weise aktiv. Und Doyle ist für sie ein romantischer Don Quijote, der die simple Realität nicht sehe und sich in fantastische Sherlock-Holmesiaden verstricke, wo nichts anderes als eine doch sehr überschaubar komplizierte Realität vorliege.

In Wirklichkeit ist Doyle auf der richtigen Fährte und fügt mit seinem scharfen Verstand aus unscheinbaren Einzelheiten nach und nach ein größeres Bild zusammen. Obwohl alle Briefe Edaljis Handschrift nachahmen, stellt Doyle Unterschiede fest, die ihn im Verbund mit typischen Wortwiederholungen bald in die Lage versetzen, den Stil zweier Briefverfasser sicher zu unterscheiden.

In Sherlock-Holmes-Erzählungen existieren oft Vorgeschichten, die mit dem Verbrechen, das der Detektiv untersucht, nichts zu tun zu haben scheinen und die ihn doch oft genug auf die Spur der Hintergründe der Tat setzen. Auch Arthur Conan Doyle weitet seine Untersuchung aus.

Einige Jahre vor den blutigen Tierattacken gab es eine Serie von Aktionen, die man heute als massives Mobbing der Edalji-Familie bezeichnen würde. Ein Unbekannter schrieb massenhaft Briefe im Namen von Vikar Edalji und in einer Handschrift, die der seinen gut genug nachgebildet war, die Empfänger zu täuschen. Diese Briefe enthielten frei erfundene Aussagen, Aufforderungen, Bitten, Anschuldigungen, Warenbestellungen und dergleichen. Kollegen wurden zu Diensten und Hilfsleistungen gebeten, die nicht existierten; Kisten mit Wein, Büchern, gar Möbeln oder anderem wurden ihm oder auf seine angebliche schriftliche Anweisung hin anderen Leuten geliefert; Privatdetektive wurden von Vikar Edalji nach Wyrley beordert, dort nach Geheimnissen und finsteren Machenschaften zu forschen, nur dass er davon eben nichts wusste. Jahrelang litt die Familie unter dieser Mobbing-Attacke, ständig musste der Vikar Berichtigungen vornehmen, sich mit irregeführten Händlern herumschlagen, Falschaussagen zurechtrücken, zuletzt sich an eine Zeitung wenden mit der Bitte, einen Text abzudrucken, in dem er erklärte und warnte, dass das Meiste, das unter seinem Namen Adressaten erreiche, gar nicht von ihm stamme. Eine nervenraubende Angelegenheit. Sie hatte nur ein einziges Gutes: sie hörte irgendwann auf.

Dennoch wird Doyle, als er davon erfährt, hellhörig. Kann es einen Zusammenhang zwischen den Briefen von einst, den Tierquälereien und den anonymen Briefen, die George Edalji belasten, geben?

Doyle bezieht die Zeit der mobbenden Briefe, die Edaljis Vater in Bedrängnis und ständige Erklärungsnot brachten, in seine Überlegungen ein. Weder Polizei, noch Justiz hatten sich für diese lange zurückliegenden Ereignisse interessiert, schließlich hatten diese Briefe sich eines Tages erledigt. Schnee von gestern. Doyle denkt anders. Und vor allem ist er der einzige, der auf die Idee kommt, sich zu fragen, was die sieben Jahre Pause, die zwischen dem Ende der früheren Briefattacken und dem Beginn der anonymen Briefe im Zusammenhang mit den sadistischen Tierquälereien begründet haben könnte.

Doyle fügt akribisch zusammen, was er allein durch sein sorgfältiges Studium der Texte über einen der beiden Briefschreiber herausgefunden hat. Erstens gibt es im Lauf der Zeit in den Briefen mehrere Erwähnungen der Walsall Grammar School. Insbesondere deren ehemaliger Rektor wird vereinzelt namentlich genannt und mit Flüchen belegt. Doyle gewinnt den Eindruck, dass die Dinge, auf die in den Briefen in Zusammenhang mit der Walsall Grammar School angespielt wird, schon eine ganze Weile zurückliegen. In den späteren Briefen findet Doyle dagegen Hinweise, die mit der See und Schifffahrt zu tun zu haben scheinen. Außerdem steht außer Frage, dass der betreffende Briefschreiber gerne unflätige Worte gebrauchte, was auf ein lange gewohntes Verhalten schließen lässt.

Doyle trifft sich mit dem vormaligen Rektor der Schule, dem die Flüche galten, und fragt gezielt, ob er sich an einen ehemaligen Schüler erinnern könne, der mit ihm im

Streit gelegen, eine auffällig obszöne Sprache geführt habe und später zur See gegangen sei.

Der Rektor erinnert sich an einen besonders schwierigen, verhaltensauffälligen Schüler: Royden Sharp. Wegen seines aggressiven und verlogenen Verhaltens wurde er von der Schule verwiesen und ging später zur See. Was Doyle infolge dieser Information ermittelt, zeigt ihm, dass er auf der richtigen Spur ist: Sharp hatte eine besondere Vorliebe für Messer, liebte es als Teenager, Kissen aufzuschlitzen, schwärzte grund- und bedenkenlos Mitschüler an, log nach Strich und Faden, hatte nach seinem Schulrauswurf einige Zeit als Metzgergehilfe gearbeitet und später fast ein Jahr lang in Irland auf einem Frachtboot, das regelmäßig Vieh transportierte. Außerdem stellte Doyle fest, dass Sharp im Besitz einer sogenannten Pferdelanzette gewesen war, eines speziellen, überaus scharfen Skalpellmessers. Doyle verglich die Beschreibungen der Verletzungen der misshandelten Tiere mit der Wirkweise einer solchen Pferdelanzette und stellte fest, dass ein solches Instrument zum Einsatz gekommen sein musste. Obendrein stimmt die Pause zwischen den Serien der anonymen Briefe mit der Zeit überein, in der Sharp auf See und im Ausland war.

Die Indizien gegen Royden Sharp werden erdrückend, aber Doyle sucht nach einem entscheidenden Beweis. Er bringt sich in den Besitz von Handschriften aus der Sharp-Familie und schickt sie Dr. Lindsay Johnson zur Begutachtung, einem führenden Graphologen. Johnson vergleicht die signierten Schreiben mit den anonymen Briefen und ist sich in seinem Urteil völlig sicher: Der Großteil der Briefe stamme aus der Feder von Royden

Sharp, ein geringerer Teil der Briefe von Roydens älterem Bruder John.

Der Durchbruch?

Doyle schreibt eine umfassende Analyse seiner Ermittlungen, Schlussfolgerungen und Beweise, schickt sie an die zuständigen Behörden und rechnet als vernünftiger Mensch mit einer sofortigen vollständigen offiziellen Entlastung Edaljis und einer Bestrafung der wahren Täter. Die Realität sieht anders aus. Doyles Bericht wird zurückgewiesen, die Beschuldigung der Sharp-Brüder für absurd erklärt, und das bleibt das letzte offizielle Wort der Behörden. Doyle macht daraufhin seine Beweisführungen öffentlich, freilich unterlässt er es, die Sharp-Brüder namentlich zu nennen.

Doyles Eingreifen und seine Artikel stellten Edaljis Ruf wieder her. Er ging nach London, wo er jahrzehntelang als Anwalt arbeitete und nie wieder in den Verdacht irgendeines Verbrechens geriet. Die Tierquälereien und die anonymen Briefe in Staffordshire gingen, mit Unterbrechungen, weiter. Die offiziellen Stellen behaupteten, diese Taten stellten eine neue, eigene Serie dar, die von den vorhergehenden unabhängig sei. Die Fälle blieben unaufgeklärt.

Unbestritten ist heute, dass Arthur Conan Doyle mit seinem Einsatz für George Edalji eine wichtige Rolle für die Entstehung eines neuen, 1907 beschlossenen juristischen Instruments spielte, des sogenannten „Court of Criminal Appeal for England and Wales", eines Berufungsgerichts höherer Instanz, das im Mai 1908 seine Arbeit aufnahm.

Ein Buch und seine Wirkung

Der zweite berühmt gewordene Fall, in den Arthur Conan Doyle als privater Ermittler eingriff, gilt bis heute als einer der heftigst umstrittenen Skandale der britischen Justizgeschichte, und die Debatten um ihn halten an. Der Fall Edalji gewinnt im Rückblick eine gewisse Attraktivität aus der Tatsache, dass hier alles unseren romantischen Gefühlen entspricht. Ein sensibler, zurückhaltender, junger, sympathischer Mensch wird das Opfer von falschen Anschuldigungen und Ressentiments, wird von einer mindestens leichtfertig agierenden Polizei und Justiz angeklagt und verurteilt und um seine begonnene Laufbahn gebracht. Arthur Conan Doyle tritt ihm als Retter zur Seite, durchdenkt den Fall von Grund auf neu, und von nun ab ist bis zum Happy End (fast) alles erfreulich und an dem Platz, an dem es auch in einer gut durchkomponierten Kriminalgeschichte wäre. Im Fall Slater – der gar kein Fall Slater hätte werden dürfen – ist alles bedeutend rätselaufgebender, zwiespältiger und in einem durchaus gefährlichen Sinn exemplarischer.

Doyle hatte die Ereignisse, von der Tat bis zum Prozess, mit seinem starken Interesse an Verbrechen und Kriminologie verfolgt, freilich als passiver Beobachter. Der erste Anstoß, sich näher damit zu befassen, kam von außen. Alexander Shaughnessy, Oscar Slaters Anwalt und von dessen Unschuld überzeugt, hatte Doyles zäher, selbstloser, unermüdlicher Einsatz für Edalji imponiert, und er hoffte, ihn für ein vergleichbares Unterfangen gewinnen zu können. Shaughnessy wies auf allerlei Fragwürdigkeiten des Falles hin und stellte Doyle sowohl die Protokolle des in Edinburgh geführten Prozesses als auch diejenigen des in New York verhandelten amerikanischen Auslieferungsverfahrens gegen Slater zur Verfügung. Doyle versprach, sich alle Unterlagen genau anzuschauen, um dann zu erwägen, ob er, z.B. durch einen Artikel für eine Zeitung oder eines der damals sehr erfolgreichen literarischen Magazine, in die Sache eingreifen wolle.

Je mehr er sich in den Fall vertiefte, je offenbarer ihm all die Widersprüche in der Beweisführung und die Diskrepanzen zwischen den beiden Verhandlungen gegen Slater wurden, je deutlicher ihm vor Augen stand, dass hier ein schwerwiegender Justizirrtum einen unschuldigen Mann auf Lebenszeit und ohne Möglichkeit der vorzeitigen Entlassung ins Zuchthaus gebracht hatte, desto energischer meldete sich sein inneres Rechtsgefühl. Aus dem anvisierten Artikel wurde eine ausführliche Erörterung der Sachverhältnisse, die schließlich auf Buchlänge anwuchs. „Der Fall Oscar Slater" erschien am 19. August 1912 im Verlag Hodder & Stoughton in Großbritannien (und erlebte schon am 30. August seine zweite Auflage) sowie zunächst in Auszügen in der *New York World* im Oktober 1912 und in vollständiger Ausgabe im Februar 1913 im George H. Doran Verlag in den USA.

Das Buch erzeugte sofort Diskussionen und Reaktionen, und sehr zum Ärger der zuständigen und betroffenen Behörden und Institutionen geschah genau das nicht, was sie sich erhofft hatten: dass nämlich der ganze Fall zügig in Vergessenheit versinken würde. Doyles satte, durchdachte Gegendarstellung wurde gelesen, in der Presse besprochen und erörtert, und die Augen der interessierten angelsächsischen Öffentlichkeit waren plötzlich auf die Glasgower Polizei und Justiz gerichtet. Diese reagierte mit Wagenburgmentalität: beharrliches Schweigen zur Sache, strikte Geheimhaltung aller internen Vorgänge sowie offiziell formelhaft gehaltenes Abstreiten jeglicher Fehler oder Irrtümer.

Doyles Buch setzt auf Logik, Argument und – Diplomatie. Doyle sucht keinen Affront, er bemüht sich um eine moderate, verständnisvolle Haltung der Justiz gegenüber. Der Grund liegt auf der Hand: Er will sich für Oscar Slater einsetzen, nicht ihm schaden – das verlangt Rücksichten auf Machtverhältnisse, Verantwortlichkeiten, auch auf Eitelkeiten; immerhin ist es nicht klug, dieselbe Justiz verbal vernichtend anzugreifen, die über Slaters weiteres Schicksal entscheidet. So versteht sich, dass Doyle immer wieder zurückhaltend argumentiert, seine Wirkungstreffer zwar gewissenhaft setzt, aber den Gegner nicht über Gebühr schlägt. Doyle glaubt an einen Justizirrtum, dem mit Vernunft beizukommen sei.

Eine Lektion in Sachen Recht und Gerechtigkeit

1914 gab es neue Hoffnung für Slater. John Thomson Trench, Leutnant der Glasgower Polizei, Träger der königlichen Polizeimedaille – von ihrer Majestät persönlich überreicht – für herausragende Leistungen und speziell geehrt für seinen persönlichen Einsatz, mit dem er einen Unschuldigen von der Anklage des Mordes befreit hatte, wurde hin- und hergerissen zwischen Pflichterfüllung und Gewissenslast. In der Ermittlungsarbeit im Fall Slater hatte er keine tragende Rolle gespielt, allerdings Dinge mitbekommen, von denen er – im Gegensatz zu seinen Vorgesetzten – aus guten Gründen glaubte, dass sie an die Öffentlichkeit gehörten.

In den ersten Tagen nach dem Mord waren besonders zahlreich Polizeibeamte im Einsatz, um, wie in einem Mordfall üblich, die Familienmitglieder zu überprüfen. Trench wurde von Oberinspektor John Orr zu Miss Birrell geschickt, einer Verwandten von Miss Gilchrist, die in deren Nähe gewohnt hatte. Trench zufolge erklärte Miss Birrell, Helen Lambie sei unmittelbar nach Entdeckung der Tat zu ihr gelaufen gekommen und habe entsetzt und atemlos erklärt, ihre Dienstherrin sei ermordet worden, sie habe den Täter mit eigenen Augen gesehen und erkannt, es sei Dr. [Francis James] Charteris gewesen, ein Neffe von Miss Gilchrist.

Trench erklärte, er habe diese Information sofort an seinen Vorgesetzten weitergegeben. Es sei ihm jedoch kurz nachher mitgeteilt worden, Dr. Charteris habe nichts mit der Sache zu tun. Hatte Helen Lambie sich geirrt? Oder Miss Birrel sich hinsichtlich Helen Lambies Aussage? Trench nahm dieses schnelle Ende diesbezüglicher Ermittlungen überrascht, freilich zunächst ohne jeden Argwohn zur Kenntnis.

Obwohl Trench zu dieser Zeit in verschiedenen Fällen eingesetzt war, hatte er gelegentlich weiter mit der Mordsache Gilchrist zu tun. Dabei fielen ihm scheinbar beiläufige Einzelheiten auf, die ihm zunehmend den Verdacht von bewussten Unregelmäßigkeiten nährten. Er wurde Zeuge der (bei Doyle ebenfalls kritisch beschriebenen) ungewöhnlich fehlerhaften Gegenüberstellungen, die geradezu darauf zugeschnitten zu sein schienen, dass die Zeugen Slater aus einer Gruppe Männer herauspicken mussten. Als Slaters aus New York zurückgeführtes Gepäck untersucht wurde, war Trench ebenfalls anwesend und entdeckte, dass gesicherte Erkenntnisse existierten, dass Slater keineswegs geflohen war, wie die Glasgower Polizei noch im Prozess offiziell behauptete, sondern im Gegenteil offen und ohne Verschleierung des Zielorts abgereist – das betreffende Beweismaterial, wusste Trench, hatte die Polizei unterdrückt.

„Ich kann nicht ruhig schlafen, solange ein Unschuldiger im Zuchthaus ist", beschrieb Trench seine Motivation und erklärte, er sei sowohl zu einer schriftlichen wie mündlichen Aussage bereit, die einer Nachuntersuchung des Falles dienen solle. Trench war vollkommen klar, dass er ein Risiko einging. Der Vorwurf, dass seine Vorgesetzten eine wichtige Spur offenbar leichtfertig unberücksichtigt gelassen hatten, zuzüglich der Aussage, dass Beweismittel durch die Polizei unterschlagen worden waren, wog schwer. Deshalb besprach sich Trench mit einem befreundeten Anwalt, David Cook. Dieser riet ihm, vorab von allerhöchster Stelle eine Erlaubnis zur Aussage sowie eine Schutzerklärung vor Verfolgung durch seine Vorgesetzten einzuholen. Das Antwortschreiben vom Minister für Schottland lautete, man werde Trenchs Aussagen wohlwollend in Erwägung ziehen. David Cook war es auch, der Arthur Conan Doyle, der die Vorgänge im Hintergrund verfolgte, mitteilte, Miss Birrell sei bereit, ihre Aussage zu beschwören.

Die Nachuntersuchung des Falles wurde im April 1914 unter Leitung von James Gardner Miller durchgeführt, der ein direkter Kollege von James Neil Hart war, dem Staatsanwalt, der den Fall Slater für den Prozess vorbereitet hatte. Die Sitzungen wurden nicht öffentlich abgehalten. Die Zeugen wurden einzeln in einen Raum gebeten und von Miller befragt. Es wurden ausschließlich Fragen zu Trenchs Aussagen zugelassen, keine Fragen, die den Prozess gegen Slater betrafen. Die Zeugen sagten nicht unter Eid aus. Kein Anwalt oder sonstiger Vertreter Slaters, nicht einmal ein neutraler Beobachter wurde zugelassen.

Die entscheidenden offiziellen Zeugenaussagen dieser Nachuntersuchung lauteten, in ihrer Essenz zusammengefasst, wie folgt:

Helen Lambie erklärte, die Aussage, sie habe einen Tatverdächtigen namentlich genannt, sei absolut unwahr.

Miss Birrell erklärte, die Behauptung, sie habe Polizeileutnant Trench von einer diesbezüglichen Aussage Helen Lambies erzählt, sei absolut unwahr.

Oberinspektor John Orr erklärte, die Behauptung Trenchs, er habe ihn zur Befragung Miss Birrels gesandt, sei absolut falsch und ihm sei nie zur Kenntnis gebracht worden, dass ein Mitglied der Familie Gilchrist als möglicher Täter genannt worden sei, eine diesbezügliche Behauptung sei absolut unwahr.

Inspektor John Pyper erklärte, Helen Lambie hätte bereits am Abend des Mordes erklärt, sie habe das Gesicht des Täters nicht gesehen und werde ihn deshalb nicht identifizieren können, sie könne also niemanden genannt haben.

Widersprüche, die Flucht Oscar Slaters betreffend, wurden konstatiert, aber als unerheblich betrachtet.

Alle Zeugen, unabhängig von Bildung, Alter, Beruf und Erfahrung, wählten in Bezug auf Trenchs Aussagen dieselben Vokabeln: „absolutely untrue" oder „absolutely false".

Ein Bericht wurde im Juni 1914 dem Parlament zur Einsicht vorgelegt (aber nicht veröffentlicht) und kam zu dem Ergebnis, alles sei in schönster Ordnung und Leutnant Trench rede wirres Zeug.

Mit heutigem Wissen lässt sich feststellen: Alle diese Zeugenaussagen sind gelogen. Arthur Conan Doyle hat diese Untersuchung stets als das bezeichnet, was sie war: eine Farce.

(Es fällt übrigens nicht besonders schwer, sich auszumalen, wie Miller jegliche Unbill durch unliebsame Zeugenaussagen im Zaum halten konnte. Helen Lambie hatte im Prozess Slater unter Eid eindeutig identifiziert; wenn sie nun zugab, den Täter am Mordabend erkannt zu haben, der nicht Slater war, hatte sie vorsätzlich einen Meineid geleistet und folglich selbst eine Anklage und vermutlich eine Gefängnisstrafe zu erwarten. Die Aussage von Miss Gilchrists Nichte Margaret Dawson Birrell war vollständig abhängig von Helen Lambies Erklärung und ohne Übereinstimmung wertlos. Und die Polizeibeamten gehörten zu den von Trench indirekt oder direkt der Unterdrückung von Beweismaterial Beschuldigten. Niemand hatte auch nur das geringste Interesse daran, Trenchs Aussagen zu bestätigen. Und die auffällig gleichen Formulierungen? Mary Barrowman, die ebenfalls bei der Untersuchung geladen war, behauptete einem Journalisten zufolge später, sie habe gar keine Aussage machen, sondern lediglich ein bereits komplett vorgefertigtes Schriftstück unterschreiben müssen.)

Aber es kam noch schlimmer. Die Arroganz der Macht tat, was sie nach Kräften gern in solchen Fällen tut: Der Whistleblower muss massiv abgestraft werden. Ein Verfahren von zeitloser Gültigkeit und bis heute eine unschöne Tradition, die ein sicheres Kennzeichen ist, dass der

Whistleblower an unerfreuliche Dinge gerührt hat, die das Licht der Öffentlichkeit aus schlechtem Grund scheuen.

Trench hatte zur Untermauerung seiner Aussage einige Polizeiakten kopiert. Im Juli 1914 wurde er wegen dieses Geheimnisverrats seines Amtes enthoben. Er wurde unehrenhaft entlassen und sämtliche Pensionsansprüche, die er erworben hatte, wurden gestrichen. Trench hatte eine Frau und sechs Kinder. Seine Erinnerungen an den Minister für Schottland, dass seine Aussage wohlwollend in Erwägung gezogen werden sollte, blieben ohne Antwort.

Ein noch bizarreres Nachspiel bildete eine Anklage Trenchs wegen Hehlerei im Juli 1915. Sie erschien freilich derart schlecht fingiert, dass es ein bezeichnendes Licht nicht nur auf die Rachsucht bestimmter Amtsträger warf, sondern zugleich auf deren Kompetenz. Seit der Nachuntersuchung von 1914 sahen sich Trench und der ihn unterstützende Anwalt David Cook regelmäßigen Störmanövern, Rufschädigungen und Attacken ausgesetzt.

All das war für Arthur Conan Doyle ein herber Rückschlag, nicht nur im Urteil an sich, sondern ebenso in Bezug auf sein Vertrauen in die beteiligten Institutionen. Bis dahin hatte er an Wahrheitsfindung, Logik und Sachlichkeit geglaubt, an einen bloßen Irrtum der Justiz – nun wurde offenbar, dass es um bewusste Manipulationen, Vertuschung, Arroganz und Macht ging.

Nach dem Abschmettern Trenchs durch den „Untersuchungsausschuss" und dem anschließenden Abstrafungsfeldzug gegen ihn, wurden Doyles Sprache und Argumentation härter. Gleichzeitig schwand seine Hoffnung, mit seinen nicht nachlassenden Bemühungen irgendwann erfolgreich sein zu können. Es ist ihm nicht zu verdenken, dass sein innerer Elan zeitweise darunter litt.

Dreizehn Jahre gingen ins Land. Über 4.500 weitere lange Tage, an denen Oscar Slater hoffnungslos im Zuchthaus von Peterhead bis zur Erschöpfung buchstäblich Steine klopfte.

Und dann kommt das Jahr 1927.

Ein Erdrutsch

Wie in einem Bilderbuchthriller – und trotzdem wahr und verbürgt – taucht ein Journalist auf, der einer verlorenen und von der Öffentlichkeit weitgehend abgeschriebenen Sache verbissen nachgeht: William Park. Park recherchiert und fügt den ohnehin schon bekannten Ungereimtheiten um die polizeilichen Ermittlungen und die Anklage gegen Slater etliche neue hinzu. Der in Sachen Slater frustrierte Doyle fängt wieder Feuer. Nicht nur bestätigen Parks Recherchen die Schlüsse, die Doyle gezogen hatte, Park bringt auch eine ungeheure Energie auf und ist ohne Scheu, der Obrigkeit und ihren Lordschaften den Fehdehandschuh hinzuwerfen. Bei aller Klarheit der Kritik hatte Doyle, wie gesehen, in seinen Schriften zum Fall Slater letztlich doch auch immer ein Auge darauf gehabt, Diplomatie walten zu lassen. Schließlich wollte er die Männer, die über Slaters Schicksal entscheiden mussten, nicht allzu sehr gegen sich und damit mittelbar gegen Slater aufbringen. Aber Park hält nichts mehr von Zurückhaltung, und Doyle sieht ein, dass seine Diplomatie seit mehr als fünfzehn Jahren nichts bewirkt hat.

Park schreibt ein flammendes Manuskript mit dem Titel *The Truth About Oscar Slater*, und Arthur Conan Doyle verfasst dafür ein Vorwort und bringt es in der eigenen

Verlagsbuchhandlung *The Psychic Press* heraus. Das Buch erscheint im Sommer 1927. Die Behörden erklären sich wie gewohnt für nicht zuständig, Gründe für eine Neu-untersuchung des Falles gebe es nicht.

Doch es läuft erfrischend unerquicklich für die Behör-den. Das Buch wird ein Erfolg. Der Fall wird von einem breiten Lesepublikum als spannender Krimi mit Wahr-heitsgehalt verschlungen, und die offenen Fragen stehen plötzlich in fetten, geschärften Lettern im Raum. Parks Unerschrockenheit, seine aufrüttelnden Sätze und der un-erschütterliche Gerechtigkeitssinn, den Doyle und Park nun gemeinsam an den Tag legen, zeigen Wirkung. Park und Doyle klagen Polizei und Justiz nicht einfach der fahrlässigen Schlamperei an – schon das wäre allerdings schlimm genug gewesen –, sondern der Beeinflussung von Zeugen, der Manipulation von Beweismaterial und in Konsequenz: einer bewussten, kaltblütigen Inkaufnahme eines Mordes an einem unschuldigen Menschen durch die Justiz. Das wiederum regt die Presse an, und folglich gibt es nicht nur Kritiken und Erörterungen zum Buch selbst, sondern eigene investigative Recherchen von Journalisten und Zeitungen. Die Londoner *Empire News* treibt einen Kontakt zu einer der beiden entscheidenden Zeuginnen auf: Helen Lambie. Keine ganz einfache Angelegenheit, denn inzwischen ist sie verheiratet, heißt mit Nachnamen Gillon, ist mit ihrem Mann in die USA ausgewandert und lebt dort in einer Stadt in Illinois. (Zwischenzeitlich hat-te man sie in Schottland bereits für tot gehalten, so dass Doyle sie in der Nachschrift aus dem Jahr 1927 unter die Verstorbenen reihte.) Aus der Distanz von rund achtzehn Jahren und geographisch vom Ort des Geschehens weit und sicher entfernt, gibt Helen Lambie eine Aussage ab, die die *Empire News* abdruckt und die Sätze wie diese enthält:

„Als ich der Polizei den Namen des Mannes sagte, von dem ich glaubte, dass ich ihn erkannt hätte, antworteten sie: ‚Unsinn! Sie glauben doch wohl selber nicht, dass er ihre Herrin ermordet und beraubt hat!‘ Sie verspotteten meine Ansicht so sehr, dass ich selbst glaubte, ich müsste mich geirrt haben.“

Ein weiteres Raunen geht durch die Öffentlichkeit.

Helen Lambie war allerdings nicht zu bewegen, ihre Aussage zu bestätigen oder gar für ein Revisionsverfahren neu in Schottland auszusagen. Es ist ihr nicht zu verdenken. Seit gut anderthalb Jahrzehnten war in Büchern und Artikelserien über den Fall ihr Verhalten beleuchtet worden, und die Urteile reichten von einem immensen Zweifel an ihrer Intelligenz bis zur Vermutung, sie sei mit dem Täter selbst im Bunde gewesen. (Ein Buchautor machte sie später selbst zur Täterin, weil sie der Verlockung stets so naher und doch so unerreichbarer Juwelen nicht standgehalten habe, und datierte den Mord zwei Stunden zurück. Der angebliche Gang zum Zeitungshändler, um ihrer Dienstherrin die Abendlektüre zu kaufen, war in diesem Szenario lediglich eine Finte, der Mann in der Diele ihr verbrecherischer Komplize. Wie denn im Lauf der Geschichte dieses Falles viele Theorien ins Kraut schossen. Jahrzehntelang hielt sich die Theorie, ein gewisser Austin Birrell sei der Täter – nur dass bis heute niemand herausgefunden hat, wer das gewesen sein soll.) Helen Lambie wollte – das ist nicht wirklich überraschend – mit dem Fall nichts mehr zu tun haben.

Für sein Buch hatte William Park Mary Barrowman nicht ausfindig machen können, aber einem renommierten

Journalisten der *Daily News*, Ernest Clapham Palmer, gelang es, ihren Verbleib zu klären. Auch Mary Barrowman spricht nun erstmals offen von den Suggestionsmethoden, mit denen ihre Aussage seinerzeit verändert wurde:

„Mr. Hart, der Staatsanwalt, wollte, dass ich jeden Tag in sein Büro käme. Wir sind mindestens fünfzehn Mal meine Aussage durchgegangen, und das ist eher noch eine Untertreibung als eine Übertreibung. Es war jeden Tag dieselbe Routine. Er ging meine Aussage durch, wobei er die meiste Zeit selbst redete und ich zuhörte. Er war so sehr der Autor der Dinge, die ich sagen sollte, dass ich wenig oder gar keine Möglichkeit hatte, selbst etwas zu sagen. Es war Mr. Hart, der meine Aussage von einer ‚großen Ähnlichkeit‘ zur nachdrücklichen Behauptung änderte, Slater sei eindeutig der Mann gewesen. Ich war ja damals nur ein Mädchen von fünfzehn Jahren und habe den Unterschied, den das machte, gar nicht richtig verstanden.“

Mary Barrowman ist bereit, ihre Aussage zu beeiden. Der Justizskandal ist perfekt. Lambies und Barrowmans Aussagen besitzen Sensationscharakter und befeuern die gesamte britische Presse neuerlich. Die ohnehin dürftige und eklatant schwache Beweislage erweist sich endgültig und nachweislich als manipuliert und konstruiert. Jetzt ist er tatsächlich – endlich – eröffnet: der Prozess der Öffentlichkeit gegen die Machenschaften dessen, was Park das „Geheime Kriminalsystem“ nennt.

Der Fall Slater wird zum Politikum. Arthur Conan Doyle gelingt es, den ehemaligen (und zukünftigen) britischen Premierminister Ramsay MacDonald (1866–1937, Regierungszeiten 1924 und 1929–1931) als Verbündeten zu gewinnen. Doyle schreibt auch eine Zusammenfassung der wichtigsten Fakten des Falles und schickt sie an sämtliche Parlamentsmitglieder. Mit der Selbstsicherheit mauernder Glasgower Behörden ist es vorbei. Unter dem Druck der Öffentlichkeit wird Oscar Slater freigelassen – offiziell ein Akt der Begnadigung, der mit den vorangegangenen Enthüllungen in keinerlei Zusammenhang stehe. Die neue Taktik lautet: Schadensbegrenzung.

Das gilt auch für ein Berufungsverfahren, das erst durch eine Gesetzesänderung ermöglicht wird. Fünf Lords sitzen als gemeinsame Richter vor, die als erstes über die Zulassung des Beweismaterials zu befinden haben und reichlich aussortieren. Unterschlagung von Beweismaterial im ursprünglichen Prozess? Unwichtig! Oscar Slater als Zeuge in eigener Sache? Abgelehnt! Die Hälfte von Slaters Entlastungszeugen? Werden nicht geladen, irrelevant! Oscar Slater ist dermaßen bestürzt und wütend, dass er alles hinschmeißen will. Er glaubt, er soll schon wieder „hereingelegt" werden.

Tatsächlich aber ist das Verfahren ein komplett ausgeklügeltes, abgekartetes Instrument, der Sache ein Ende zu bereiten, ohne etwas zugeben zu müssen. Das Prinzip folgte auf defensiverer Basis der Logik aller vorhergehenden Untersuchungen, der zugrunde liegende, aber natürlich nicht ausgesprochene Tenor lautete: Polizei und Staatsanwaltschaft machen keine Fehler, und wenn Fakten das Gegenteil beweisen, sind diese notwendigerweise nichtig, weil Polizei und Staatsanwaltschaft keine Fehler machen. Der Trick, mit dem man dennoch das ursprüngliche Urteil aufheben konnte, ohne irgendein Fehlverhalten zugeben zu müssen, bestand in der Erklärung eines Formfehlers. Der (mittlerweile verstorbene) Richter Guthrie hatte in seiner Ansprache an die Geschworenen – freilich unter einer Fülle anderer sachlicher und verbaler Missgriffe – wortwörtlich jene haarsträubend jedes Rechtsprinzip ad absurdum führende Formulierung gewählt, ein Mann von Slaters Charakter verdiene „das juristische Prinzip der Unschuldsvermutung nicht, wie es für andere Angeklagte gelte".

Angesichts der Tatsache, dass die Geschworenen des ursprünglichen Prozesses lediglich mit knapper Mehrheit für „Schuldig" votiert hatten, erklärten die fünf Richter nun, sei es als sicher anzunehmen, dass eine derartige Äußerung einzelne Geschworene beeinflusst habe, ohne sie ein Schuldspruch nicht zustande gekommen wäre und infolgedessen das Urteil als ungültig aufzuheben sei. Slater war ein freier Mann, das war der gute Teil der Nachricht. Der für ihn unbefriedigende Teil war: die Richter hatten nicht das eigentliche Beweismaterial verhandelt, sondern lediglich einen Formfehler des Prozesses. Slater sah seinen Ruf immer noch mit einem unausgesprochenen Makel versehen. Und manch ein Spötter meinte, Richter Guthries Fehlverhalten sei doch schon unmittelbar nach dem Prozess 1909 in den Zeitungen kritisiert worden, warum es denn da neunzehn Jahre gedauert habe, bis es der Justiz aufgefallen sei.

Nach zähen Bemühungen wurde der schottischen Regierung eine Entschädigung von 6.000 Pfund für Slater abgerungen. Arthur Conan Doyle hatte das gute Gefühl, der Gerechtigkeit zum Sieg verholfen zu haben. Persönlich mochte er Slater übrigens nie. Zwischen Doyle und George Edalji waren Sympathie und Freundschaft entstanden, aber ein Mann aus dem Dunstkreis von Spielern, Buchmachern und Prostituierten war nicht Doyles Kragenweite. Der Schlusspunkt war ein kleines Zerwürfnis über Geld. Doyle machte eine sehr sachliche Rechnung seiner Auslagen auf und legte Slater eine Forderung von 500 Pfund vor.

Während Slater anderen Mitstreitern wie William Park von selbst Auslagen erstattet hatte, zeigte er sich hier verstockt. Doyle hielt Slater für hoffnungslos undankbar, und aus seiner Sicht ist das gewiss verständlich. Allerdings tauchte in Doyles Rechnung ein satter Posten von 250 Pfund seiner Verlagsbuchhandlung *The Psychic Press* für Verluste aus William Parks Buch auf. War das Buch nicht ein Bestseller geworden, wird Slater gedacht haben, da mussten den Ausgaben doch entsprechende Einnahmen gegenübergestanden haben. Und hatte sich nicht auch Doyles eigenes Buch „Der Fall Oscar Slater" schon gut verkauft? Und war es nicht ein bisschen kleinlich, wenn der Mann, der durch seine Sherlock-Holmes-Erzählungen reich geworden war, nun einem Mann gegenüber, der vor einem völligen Neuanfang stand, den gewissenhaften Buchhalter hervorkehrte? Mag sein, dass Slaters Bild von Doyles unverbrüchlicher, ehrenhafter Selbstlosigkeit einen kleinen Schatten bekam, und aus seiner Sicht mag auch das verständlich sein.

Das Schicksal, als wolle es fortan alles wiedergutmachen, was es ihm vorher eingebrockt hatte, meinte es übrigens gut mit Slater. Nicht lange nach seiner Freilassung und der offiziellen Aufhebung des Urteils gegen ihn traf er eine weitaus jüngere Frau – mehr als dreißig Jahre jünger, um genau zu sein – namens Lina Schad, eine Schottin aus ursprünglich deutscher Familie, und aus einer guten Freundschaft wurden Liebe, eine Ehe, ein gemeinsames Heim und eine lange, glückliche Zeit in Schottland.

Ein Resümee im Licht sämtlicher Fakten

Auf der Grundlage heutigen Wissensstandes, das heißt nach Öffnung der Archive und Freigabe der Akten Ende der 1980er und zu Beginn der 1990er Jahre, lässt sich ein klares Resümee in Bezug auf die Ermittlungsarbeit der Polizei und die Vorbereitung des Prozesses durch die Staatsanwaltschaft ziehen.

Betrachtet man seriös die Polizeiarbeit, ist ihre Konzentration in den Ermittlungen auf Slater als mutmaßlichem Täter nur zu Beginn plausibel. Zunächst erhält die Polizei die Aussage eines Mannes namens Alan McLean, dass ihm ein Bekannter, der der Täterbeschreibung ähnelt, am Abend des Mordes einen Pfandleihschein über eine Diamantbrosche zum Kauf angeboten habe. Der Zeuge nennt den Namen Slater und dessen Wohnadresse. Als die Polizei der Spur nachgeht, erfährt sie unter der angegebenen Adresse, dass dort kein Mann namens Slater wohne, sondern ein Zahnarzt namens Anderson; bei einem zweiten Besuch erfährt sie von einer Bediensteten in der betreffenden Wohnung, dass dort angeblich überhaupt nie ein Mann gelebt habe, während eine andere Bewohnerin des Hauses mitteilt, der Herr namens Slater sei mit seiner Geliebten und seinem Gepäck am Abend mit unbekanntem Ziel abgereist. Kurz darauf bezieht eine Mrs. Freedman (eine Stiefschwester von Slaters Freundin Andrée) die Wohnung in Glasgow und behauptet gegenüber der Polizei, Slater sei nach Monte Carlo abgereist – während die Polizei zum gleichen Zeitpunkt bereits weiß, dass er tatsächlich nach New York unterwegs ist.

Jeder neutrale Beobachter, der diese Erkenntnisse nach-vollzieht, muss zu dem Schluss gelangen: Ja, dies sind äu-ßerst verdächtige Umstände, hier liegt eine heiße Spur vor.

Aber sofortige Nachforschung erweist, dass der Schein trügt. In der Nacht vom 25. auf den 26. Dezember stattet die Polizei dem Geschäftsführer des Pfandleihhauses von Alexander Liddell einen Besuch ab, trifft auf üble Laune – es ist 4:30 Uhr morgens – und erfährt, dass die Brosche nicht am 21. Dezember versetzt wurde, sondern bereits am 18. November. Slater hatte, da er die Brosche auf absehbare Zeit nicht würde auslösen können, am 21. Dezember lediglich noch einmal mit dem Pfandleiher über den finanziellen Betrag verhandelt. Der Pfandleiher war mit einer Erhöhung einverstanden gewesen und hatte deshalb am 21. Dezember eine neue Quittung ausgestellt – die Brosche hatte sich aber tatsächlich seit dem 18. November ununterbrochen in seiner Verwahrung befunden, konnte also unmöglich die aus Miss Gilchrists Wohnung gestohlene Brosche sein. (Hätte es dafür noch einer weiteren Bestätigung bedurft, gab sie Helen Lambie bei den Auslieferungsverhandlungen in New York, als ihr die von Slater versetzte Brosche gezeigt wurde und sie sofort erkannte, dass es sich nicht um die geraubte Brosche handelte.) Damit brach das Verdachtsmoment in sich zusammen. Nicht einmal zwölf Stunden ist die heiße Spur heiß geblieben.

Und an diesem Punkt beginnen die gravierenden Ungereimtheiten. Ein Irrweg wird bewusst betreten und fortan, komme was da wolle, nicht wieder verlassen. Die Glasgower Polizei, die weiß, dass Slater auf der „Lusitania" in die USA unterwegs ist, stellt ein Amtshilfegesuch an die New Yorker Behörden. Das signifikant Verstörende an dieser Tatsache ist der Umstand, dass die Brosche – von der die Polizei bereits wusste, dass sie mit dem Fall nichts zu tun hatte – sowie die angebliche Flucht – inzwischen gingen Erkenntnisse ein, dass sie eine lange geplante, angekündigte und offene Abreise war – weiterhin als offizielle Begründung herhalten mussten, dass die Polizei Slaters Spuren folgte und seiner Person habhaft zu werden versuchte.

Die Anklage gegen Oscar Slater, die Polizei und Staatsanwaltschaft für den Prozess in Edinburgh vom 3. bis 6. Mai 1909 vorbereiteten, fußte auf drei Säulen:

— auf den Identifizierungsaussagen der beiden Zeugen Arthur Adams und Helen Lambie, die den Täter in der Wohnung von Miss Gilchrist gesehen hatten, und auf der des Botenmädchens Mary Barrowman, das einen Mann aus Miss Gilchrists Hauseingang hatte fliehen sehen,

— auf den Identifizierungsaussagen derjenigen Zeugen, die im Vorfeld des Mordes einen Mann gesehen hatten, der auffällig von der Straße aus die Wohnung von Miss Gilchrist beobachtet haben sollte,

— auf der Behauptung, Oscar Slater sei Hals über Kopf aus Glasgow nach Amerika geflohen, als er erfuhr, dass er von der Polizei gesucht werde.

1. Der Flüchtende

Es ist sinnvoll, auf die ursprünglichen Aussagen der Hauptzeugen zurückzukehren, d.h. auf jene, die unter dem unmittelbaren Eindruck des Ereignisses geäußert wurden und bevor dieser Eindruck durch die zunehmende zeitliche Distanz, die wiederholten Befragungen durch

Polizei und Reporter, durch die Kenntnis von Vorgängen, die in der Presse zu lesen oder zu sehen waren, sowie durch die natürliche Veränderungsarbeit des menschlichen Gedächtnisses modifiziert und verfälscht wurden. Denn wie Arthur Conan Doyle zu Recht feststellte: Lediglich Arthur Adams blieb unveränderlich bei seiner Aussage, während Helen Lambie und Mary Barrowman ihre Beschreibungen ständig umwandelten und umdichteten, bis sie mit ihren ursprünglichen Aussagen keine Ähnlichkeit mehr besaßen und sie sich in permanente Widersprüche verwickelten.

Von allen Zeugen hatte Arthur Adams den Flüchtenden am besten gesehen, da dieser Auge in Auge mit ihm an ihm vorbeigegangen war. Gewiss, Adams war durch seine Kurzsichtigkeit beeinträchtigt, weil er in der Aufregung vergessen hatte, seine Brille aufzusetzen, andererseits passierte ihn der Flüchtende jedoch in unmittelbarer Nähe. Arthur Adams' Aussage bei der ersten Gegenüberstellung mit Slater im New Yorker Auslieferungsprozess deckt sich mit allen seinen späteren Aussagen bis hin zum Hauptverfahren in Edinburgh. Slater sei dem Mann, den er in der Diele von Miss Gilchrists Wohnung gesehen habe, „nicht ganz unähnlich", aber er könne nicht bestätigen, dass es derselbe Mann sei.

Helen Lambie hatte laut Protokoll am Abend des Mordes ausgesagt – und diese erste Aussage deckte sich immerhin bezüglich ihres Standorts mit der von Arthur Adams –, dass sie den Mann in der Diele, weil sie auf dem Weg in die Küche gewesen sei, nur von hinten und vor allem sein Gesicht nicht gesehen habe. Sie könne deshalb nur seine Kleidung und einen allgemeinen Eindruck beschreiben, werde aber nicht in der Lage sein, den Täter zu identifizieren.

Die Aussage der 14-jährigen Mary Barrowman unterliegt einem grundlegenden Problem: Es ist nicht geklärt, ob sie tatsächlich denselben Mann sah, den Arthur Adams und Helen Lambie zu beschreiben versuchten. Auf die Gründe dieses Zweifels wird noch eingegangen werden. Bei der ersten Gegenüberstellung im New Yorker Auslieferungsverfahren erklärte Mary Barrowman, Slater sehe dem Mann, den sie gesehen hatte, ähnlich. Schon die Formulierung „sehr ähnlich" kam erst auf drängende Intervention bei ihrer Befragung zustande.

Angesichts der Tatsachen, dass der Zeugin Barrowman (wie auch Adams) – gegen jede Regel und vorab die nachfolgenden Vorgänge unzulässig beeinflussend – unmittelbar vor der Identifizierung Fotos von Slater gezeigt wurden, dass Adams, Lambie und Barrowman vor dem Gerichtssaal wartend sahen, wie Slater zwischen zwei Beamten in den Saal geführt wurde, und dass Slater nicht, wie sonst üblich, in einer Reihe anderer, ähnlich aussehender Männer, sondern lediglich als Einzelperson präsentiert wurde, fällt dieses Ergebnis geradezu verblüffend negativ aus. In ihren jeweils ersten Aussagen erklärt keiner der drei Hauptzeugen, dass Slater der Mann gewesen sei, den sie gesehen hätten.

2. Der verdächtige Beobachter

Der Mann, der wochenlang im Vorfeld des Mordes das Haus von Miss Gilchrist beobachtete – falls es überhaupt eine einzelne Person war und nicht abwechselnd mehrere –, ist eine komplett rätselhafte Figur. Er wurde etwa einen Monat lang von Bewohnern der Straße als besonders auffällig und verdächtig wahrgenommen. Zu den Sonderbarkeiten seines Verhaltens gehört, dass er in den Wochen vor dem Mord halbe Tage damit zugebracht haben muss, unentwegt die Wohnung zu beobachten.

Die Zeugen, denen dieser Mann auffiel, sahen ihn wiederholt und jeweils immer zu unterschiedlichen Zeiten. Christopher Walker sah ihn jeden Abend gegen 18:45 Uhr vor Miss Gilchrists Haus stehen. Euphemia Cunningham und William Campbell sahen ihn vom 14. bis 17. Dezember täglich gegen 13:00 Uhr. Miss Jane Mary Sim sah ihn zwischen dem 11. und 21. Dezember wiederholt gegen 22:00 Uhr. Die Mitglieder der Familie McHaffie sahen ihn fünf, sechs Mal bis etwa vierzehn Tage vor dem Mord, jeweils zwischen 15:00 und 16:00 Uhr, danach nicht mehr. Miss Jeanetta Walters fiel der Mann an fast den gleichen Tagen auf (16., 17. und 19. Dezember), freilich jeweils um 19:30 Uhr. Robert Brown Bryson sah ihn einen Tag vor dem Mord gegen 19:40 Uhr, Andrew Nairn ebenfalls am selben Tag, allerdings erst um 21:15 Uhr. Wahrlich, dieser Beobachter von Miss Gilchrists Wohnung hatte Ausdauer!

Wer einen räuberischen Einbruch plant, kann durch eine derartige, stundenlange Beobachtung wenig erfahren, was ihm bei der Ausführung der Tat ernsthaft von Nutzen wäre. Alles, was er erreichen konnte, war, sich vorab verdächtig und wiedererkennbar zu machen – die Augenzeugen, die ihn gesehen hatten, wurden alle auf ihn aufmerksam, weil er sich so verdächtig verhielt, dass es beinahe scheint, als habe er bewusst Aufmerksamkeit auf sich ziehen wollen. Und falls er wirklich einen Einbruch geplant und zu diesem Zweck wochenlang das Haus beobachtet hatte, wäre ihm nicht entgangen, dass Helen Lambie zwei halbe Tage in der Woche Ausgang hatte, und er hätte seinen Einbruch auf einen dieser freien halben Tage gelegt, um nicht überrascht zu werden oder es mit zwei Menschen und zwei möglichen Zeugen zu tun zu bekommen.

Zahlreiche Zeugen identifizierten Slater sicher als diesen Mann, der Miss Gilchrists Wohnung beobachtet hatte, oder stellten eine Ähnlichkeit mit ihm fest. Dabei waren die konkreten Aussagen und Beschreibungen dermaßen widersprüchlich, dass man sich allen Ernstes einen seriösen Spaß daraus machen kann aufzuzählen, was er alles zuwege brachte. Er floh offensichtlich zweimal vom Tatort, einmal allein und einmal in Gesellschaft eines zweiten Mannes. Dabei trug er sowohl einen braunen Mantel als auch einen blauen Marinemantel mit Samtkragen als auch einen grauen Mantel, dazu eine braune Tweedmütze und einen dunklen Hut und außerdem war er dabei barhäuptig. Er trug eine Nase, die „man unter Tausenden herauserkennen würde", andererseits aber eine Nase, die nicht auffiel. Er hatte einen besonders auffälligen, schleppenden Gang, an dem allein man ihn eindeutig erkennen konnte, der freilich andererseits als ganz normal beschrieben wurde. Er hatte einen sehr langen Hals, der offenbar elastisch war, denn bei anderen Zeugen war er gedrungen und kurz. Er trug sowohl einen Bart als auch keinen. Er sprach (obwohl Slater einen herben deutschen Akzent besaß) völlig akzentfrei. Das alles ist eine reife Leistung. Das Einzige, in dem sich die Zeugen einig waren: Er war es. Alles andere blieb ein Meer an Widersprüchen und schlichten logischen Unmöglichkeiten. Zwei Polizisten hatten ihn an einem Abend vor Miss Gilchrists Haus ganz sicher erkannt, an dem er tatsächlich zu Hause mit mehreren Freunden zusammen war. Das Alibi war dermaßen wasserdicht, dass es nicht einmal die Anklage anzweifelte.

Wie hochfragwürdig und unglaubhaft diese Identifizierungen waren, lässt sich auch umgekehrt demonstrieren, wenn man nicht die Widersprüche in den Vordergrund stellt, sondern das Gemeinsame der Beobachtungen. Dann bleibt nämlich: ein Mann mit dunklen Haaren im Mantel. Da im Dezember freilich so gut wie jeder im Freien einen Mantel trägt, bleibt: ein Mann mit dunklen Haaren. So viel jedenfalls ist sicher.

3. Konstruktionen einer Flucht

Die vermeintliche Flucht Slaters erwies sich als eine offene Abreise, mit der die Polizei irritierenden Komplikation, dass Slater an seiner Wohnungstür (nirgends sonst) ein falsches Reiseziel angeben ließ. Das fand seinen natürlichen Grund in den von Slater befürchteten Nachstellungen seiner Frau, mit der er gesetzlich noch verheiratet war, von der er sich jedoch vor Jahren getrennt hatte. Sie sei, gab Slater an, eine Trinkerin, notorisch in Geldschwierigkeiten (auch vor und während der gemeinsamen Zeit) und stelle ihm, wenn sie ihn oder einen seiner Freunde aufspüren konnte, auf unangenehme Art finanzielle Forderungen. Seine Sorge war also, seine Frau könne seine Adresse in Glasgow herausfinden. In Gesprächen mit Freunden und Bekannten, in Briefen an Freunde und Handelspartner in Amerika hatte Slater sein Kommen angekündigt, lediglich den Termin, weil die Geschäfte in Glasgow schlecht liefen, vorverlegt, aber selbst diesen vorverlegten Termin freimütig geäußert und ohne Scheu jedem mitgeteilt.

Ein Teil der Irritationen der Glasgower Polizei lag in der Tatsache begründet, dass Slaters Bedienstete Katharina Schmalz so gut wie kein Englisch sprach. Polizisten aus Glasgow, die ihrerseits kein Deutsch sprachen, kamen von ihren Befragungen mit wirren Angaben zurück. Nachdem Mrs. Freedman die Wohnung übernommen hatte, ging Katharina Schmalz allerdings nach London, wo sie von der dortigen Polizei ebenfalls verhört wurde. Dort waren die Beamten besser vorbereitet und erhielten eine in sich stimmige Aussage.

Die Glasgower Polizei behauptete, bei seiner spontanen Flucht habe Slater seine Spuren verwischt, indem er eine Reise nach London vortäuschte, tatsächlich jedoch nach Liverpool reiste. An dieser Behauptung wurde noch im Prozess festgehalten, obwohl sie erwiesenermaßen falsch war. Slater hatte nachweislich Bahnfahrkarten nach Liverpool gekauft und war mit einem Zug gefahren, der nach London ging, aber einen Kurswagen nach Liverpool führte. Der Bahnbeamte, der für Slaters Gepäck zuständig gewesen war, sagte aus, Slater habe ihm offen gesagt, er fahre nach Liverpool, seine Gepäckstücke waren mit entsprechenden Anhängern versehen gewesen. Die Gepäckstücke trugen diese Anhänger, wie Polizeileutnant Trench bestätigte, immer noch, nachdem sie aus den USA nach Glasgow rücküberführt waren.

Und aus Liverpool kam die Nachricht von der dortigen Polizei, die die Glasgower Behörden um Unterstützung gebeten hatten, dass Slater vor seiner Abreise mit der „Lusitania" dort in einem Hotel übernachtet und seinen Namen ohne Not oder Ausweiskontrolle als Oscar Slater angegeben hatte. Ein vor Verfolgung flüchtender Mörder, der arglos unter eigenem Namen unterwegs ist? Und dessen Lebensgefährtin plaudernd, wie sich ebenfalls herausstellte, einem Zimmermädchen erklärte, dass sie mit der „Lusitania" nach New York reisen? Spuren verwischen geht anders.

In seiner Nachbetrachtung aus dem Jahr 1927 erwähnt Arthur Conan Doyle den Zeugen Duncan McBrayne. Er hatte Oscar Slater – vollkommen ruhig und ohne jede Spur innerer Erregung, mit einem grauen Anzug bekleidet – am 21. Dezember, also am Tag des Mordes, gegen 20:15 Uhr vor dessen Haus stehen sehen. McBraynes Aussage wog doppelt schwer. Erstens kannten sich McBrayne und Slater vom Sehen, weil sie in unmittelbarer Nachbarschaft wohnten und McBrayne in einem Lebensmittelgeschäft arbeitete, in dem Slater gelegentlich einkaufte. Im Gegensatz zu allen anderen vagen, widersprüchlichen oder lediglich von der Vermutung hochgerechneten Identifizierungen war dies also eine, die Substanz besaß. Zweitens machte die Aussage McBraynes eine ohnehin brüchig zusammengestrickte Fluchttheorie von Polizei und Staatsanwaltschaft gegenstandslos. Die Anklage behauptete vor Gericht, Slater sei nach der Tat kopflos geflüchtet, mit der U-Bahn in die Glasgower Vorstädte gefahren, um erst spät nachts zu seiner Wohnung zurückzukehren. Dieser Theorie fehlte es dramatisch an Bodenhaftung und sie beinhaltete allerlei verwegene Unterhypothesen. Beispielsweise wollte Mary Barrowman den Täter um kurz nach 19:00 Uhr fliehen sehen haben, während eine Ticketverkäuferin in einem Kassenhäuschen an der U-Bahnstation Kelvinbridge gegen 19:35 Uhr einen eilig vorbeilaufenden Mann beobachtete, den sie nie zuvor gesehen hatte, aber Monate später bei der Gegenüberstellung zweifelsfrei als Slater erkannte. Ein Mann auf hektischer Flucht, das gefiel der Polizei – dumm nur, dass die Zeit nicht passte. Die U-Bahnstation lag in unmittelbarer Nähe von Miss Gilchrists Wohnung, und wie William Park in seinem Buch sehr anschaulich kommentiert, hätte Slater auf allen Vieren kriechen können und wäre trotzdem noch vor 19:35 Uhr an der U-Bahnstation gewesen. Die „Lösung" der Polizei: Ein ob seiner Bluttat völlig konfuser Slater sei im Zickzack durch alle Nebenstraßen des Viertels gelaufen, das habe diese Zeitspanne in Anspruch genommen. „Eine völlig neue Form der Flucht", spottete William Park zutreffend. Wieso ein angeblich ortskundiger Täter, der durch wochenlange Besuche vor Miss Gilchrists Haus die Straßenverhältnisse bestens kennen musste und eigentlich fliehen will, dreißig Minuten in der Nähe des Tatorts herumirren sollte, ist ebenso wenig nachvollziehbar wie die Tatsache, dass Slater, wäre er der Täter gewesen, sich eine Stunde nach dem Mord seelenruhig vor seinem Haus zeigt, während die Polizei ihre intensive Fahndung eingeleitet hat. McBraynes Aussage machte die Theorie von Polizei und Staatsanwaltschaft zunichte. McBrayne wurde nicht auf die Zeugenliste gesetzt und die Verteidigung erfuhr nicht von der Existenz seiner Aussage.

Das ist bei genauem Hinsehen die gesamte Evidenz, aufgrund derer Oscar Slater zum Tode verurteilt wurde – aufgrund von Identifizierungen, die keine waren, aufgrund von weiteren Identifizierungen, die mit hoher Wahrscheinlichkeit nicht einmal dem Täter galten und ebenfalls keine waren, und aufgrund einer Flucht, die keine gewesen war. Das war alles. Der Rest – und es gibt kein milderes Wort dafür – bestand aus bewusster Manipulation der Fakten durch die Polizei und Staatsanwaltschaft.

Ein überraschendes Interview

Im September 1961, rund zweiundfünfzig Jahre nach dem Mord, begab sich etwas Bemerkenswertes. Der schottische Journalist William Mowat Phillips bat Dr. Francis James Charteris um ein Interview, und Charteris sagte zu. Er war mittlerweile 86 Jahre alt, hatte jedoch eine klare Erinnerung. Nach allem, was man weiß, war es das erste Mal, dass er sich zu diesem Fall öffentlich äußerte; auch scheint Phillips der erste gewesen zu sein, der es überhaupt unternahm, ihn in dieser Sache zu befragen.

Im Oktober 1961 erschien in der *Scottish Daily Mail* Phillips' Artikel. Darin berichtet Charteris, wie ihn kurz nach dem Mord ein Anwalt über die Tat unterrichtet und gebeten habe, es seiner Mutter schonend beizubringen. Charteris' Arbeitsplatz lag in der Nähe des Tatorts, und der Artikel zitiert ihn ausführlich mit den folgenden Worten:

„Ich beschloss, herüber zu Miss Gilchrists Wohnung zu gehen. Es war teils Neugier. Ich war ein junger Arzt, und ich hatte noch nie einen ermordeten Menschen gesehen. Und ich wollte selbst sehen, was geschehen war. Als ich ankam, befragte Inspektor John Ord gerade das Dienstmädchen Nellie Lambie. Sie war sehr aufgeregt, erinnere ich mich. Ihr sprangen förmlich die Augen aus dem Kopf. Die Polizei versuchte, von ihr eine Beschreibung des Mannes zu bekommen, den sie die Wohnung verlassen gesehen hatte. Ihre Aussagen waren sehr vage, unzusammenhängend. Dann plötzlich platzte es aus ihr heraus: ‚Er war wie Dr. Charteris da.' Natürlich war das Unsinn, und jeder wusste das. Wenn ich der Mann gewesen wäre, würde ich ja wohl kaum so dumm gewesen sein, in die Wohnung zurückzukommen, wohl wissend, dass mich zwei Leute sie verlassen gesehen hatten, nicht wahr? Ich bin immer noch froh, dass jeder begriff, dass das Unsinn war, denn ansonsten wäre es mir schwer gefallen, ein Alibi nachzuweisen. Ich hatte den ganzen Nachmittag allein in meinem Labor gearbeitet und niemanden gesehen, bis der Anwalt kam. Ich konnte mich nicht erinnern, Nellie zuvor gesehen zu haben, und ich fragte mich, woher sie mich kannte. Aber später fand ich heraus, dass Nellie nach meiner Hochzeit im letzten Jahr – sie war ein gesellschaftliches Ereignis und verursachte in Glasgow einiges Aufsehen – zu meiner Klinik gekommen war, ohne Zweifel aus Neugier. Und wahrscheinlich hatte sie mich dort gesehen."

Phillips fragte Charteris nach seiner Meinung, wer den Mord begangen habe, und Charteris antwortete:

„Ganz sicher nicht Slater. Das ist offensichtlich. Natürlich muss es jemand aus der Familie oder ein Freund von Nellie Lambie gewesen sein. Nellie behauptet, lediglich zehn Minuten weg gewesen zu sein und dass die Tür verschlossen war, als sie ging. Aber sie kann ebenso gut eine Stunde weg gewesen sein. Tatsächlich habe ich immer geglaubt, dass einer von Nellies Freunden etwas damit zu tun hatte."

Hier finden wir, in der späten Aussage eines Mannes, der insgeheim eine der wichtigsten Personen rund um den Fall wurde, eine der Ursachen all des Unheils. Francis Charteris' Erklärung deckt sich fast vollständig mit den Aussagen, die John Thomson Trench über Margaret Dawson Birrell ermittelt hatte, und mit derjenigen, die Helen Lambie in den USA gab. Zwischen „Es war Charteris", wie Helen Lambie seinerzeit zitiert wurde, und „Er war wie Charteris", wie sich Charteris erinnert, liegt sprachlich eine Winzigkeit, die doch einen gewichtigen Unterschied macht.

Der erwähnte Inspektor Ord war einer der wichtigsten Ermittler im Fall Gilchrist und spielte darin keine gute Rolle. Es galt einer Augenzeugin nicht vorzuschreiben, was sie gesehen hatte oder nicht; ihre Aussage hätte protokolliert und überprüft werden müssen. Beides geschah nicht. Inspektor Ord hätte augenblicklich den zweiten Augenzeugen, Arthur Adams, dazuholen müssen, statt Lambies Aussage spontan für „Unsinn" zu erklären. Doch das tat er nicht.

Wenig später lief Helen Lambie zu Miss Gilchrists Nichte Margaret Dawson Birrell und berichtete ihr von der Tat und dass sie Francis Charteris erkannt hätte. Margaret Dawson Birrell gab diese Information der Polizei weiter und bestätigte sie noch einmal gegenüber John Thomson Trench.

Und damit beginnen für die Polizei zahlreiche Probleme. Helen Lambie hat die eindeutige oder zumindest annähernd eindeutige Aussage gemacht, der Täter sei [wie] Dr. Charteris, Polizeiinspektor Ord schreibt im Namen Helen Lambies wörtlich ins Protokoll: „Ich habe das Gesicht des Mannes nicht gesehen, ich würde ihn nicht wiedererkennen."

Weil geheime Dinge besonders schnell die Runde machen, gibt es bald eine Reihe von Menschen, die über Lambies ursprüngliche Aussage Bescheid wissen. Die es offiziell aber nicht gibt. Der erste Akt der Vertuschung ist ins Werk gesetzt, und er ist ein Auftakt für eine Verkettung von Komplikationen, die die Polizei von einer Kalamität in die nächste führen.

Inspektor Ord beging an diesem Mordabend übrigens

noch einen zweiten gravierenden Fehler, indem er den Stuhl, den der Arzt Dr. John Adams für die Tatwaffe hielt, freigab. Nichts am Tatort wurde bis zur weiteren Untersuchung verändert. Lediglich die blutigen Stuhlbeine abgewaschen und er selbst fein säuberlich an den Tisch gestellt. Er wurde weder als Tatwaffe in Erwägung gezogen, noch forensisch untersucht.

Warum war es Inspektor Ord sofort klar, dass Helen Lambies Aussage Unsinn sein musste? Weil Dr. Francis James Charteris zur besten Gesellschaft gehörte. Spross einer hochangesehenen, erfolgreichen Familie, der Vater berühmter Professor der Glasgower Universität. Die erwähnte Hochzeit war die mit Annie Kedie, die aus einer der reichsten und feinsten Familien Glasgows stammte. Francis Charteris war erfolgversprechender Mediziner, sein Bruder Archibald Anwalt auf hohem Karrierekurs, sein zweiter Bruder John am Beginn einer Militärlaufbahn, die ihn bis zum Rang eines Brigadegenerals führen würde. Und: Welchen Grund sollte Francis Charteris haben können, Miss Gilchrist zu ermorden?

Ein Testament und viele offene Fragen

Diese Frage stellte eine verwirrte Polizei, als Margaret Dawson Birrel ihr von Helen Lambies spontaner Aussage unmittelbar nach dem Mord berichtete. Allerdings hatte Miss Birrel eine Antwort. Marion Gilchrists Bruder hatte einst eine Elizabeth Greer geheiratet und mit ihr ein Kind, Mary. Allerdings war er früh verstorben, und die Witwe hatte Prof. Mathew Charteris geheiratet und mit ihm die drei genannten Söhne. Margaret Dawson Birrell wusste, dass es erst vor kurzem zu schweren Streitigkeiten zwischen Miss Gilchrist und der Familie Charteris gekommen war, so schwer, dass Miss Gilchrist ihr Testament änderte und den Großteil ihres beträchtlichen Vermögens, der ursprünglich für Mary (also die Halbschwester der Charteris-Brüder) bestimmt war, nun ihrem ehemaligen Dienstmädchen Maggie Galbraith Ferguson vermachte, mit der sie auch nach ihrer Dienstzeit stets eine familiär-freundliche Beziehung unterhalten und mit der sie sich bestens verstanden hatte. Die Familie Charteris, schildert Margaret Dawson Birrell, sei über diese Testamentsänderung außerordentlich erzürnt gewesen.

Dazu muss der Leser wissen, dass eine nähere Untersuchung ergab, dass diese jüngste Testamentsänderung an die Erinnerung einer früheren rührte, die zu erheblichem Unfrieden in der Familie geführt hatte und der Grund für eine Entzweiung zwischen Miss Gilchrist und großen Teilen ihrer Angehörigen geworden war. Das Ereignis lag zwar lange zurück, war in der Familie jedoch unvergessen und unvergeben. Marion Gilchrists Vater war überaus wohlhabend gewesen, Lohn eines langen, erfolgreichen Lebens als Ingenieur. Im Alter war er auf Pflege angewiesen, und es war Marion Gilchrist, die bei ihm lebte und all die damit verbundenen Pflichten erfüllte. Kurz vor seinem Tod änderte der Vater sein Testament: Hatte bis dahin laut letztem Willen das Vermögen auf seine insgesamt vier Kinder und einige weitere Verwandte verteilt werden sollen, so ging nach dieser Testamentsänderung sein komplettes Vermögen an Marion Gilchrist. (Da die Möglichkeit, dass der Mord an Miss Gilchrist mit ihrer Testamentsänderung zusammenhängen könnte, allgemein bekannt und in der Presse aufgegriffen wurde, erschienen dort auch Hinweise auf das Vermögen des Vaters, das Miss Gilchrist erbte; es war von einem Betrag zwischen 40.000 und 80.000 Pfund die Rede.)

Bei aller Wertschätzung der Pflegeleistung Marion Gilchrists, der Rest der Familie, die davon erst bei der Testamentseröffnung erfuhr, sah sich geprellt, hinters Licht geführt und reagierte entsprechend erbittert. Gewiss hätte man verstanden, wenn Marion Gilchrist aufgrund ihrer Verdienste um den Vater besser als die anderen bedacht worden wäre – aber sie alles, alle anderen nichts, das war finster und wurde ihr (als vermeintlicher Drahtzieherin der Testamentsänderung) nicht verziehen. Die allermeisten Familienmitglieder mieden Miss Gilchrist seither, der Vorgang führte zu einer tiefgreifenden, dauerhaften Entfremdung.

Zu den wenigen, die überhaupt noch Kontakt zu Miss Gilchrist hielten, gehörte die Familie Charteris. Bis zu jenem heftigen Zerwürfnis, von dem Miss Birrell sprach und das die Testamentsänderung zur Folge hatte. Was das Zerwürfnis verursachte, blieb im Dunkeln. Aber dass die Atmosphäre seither vergiftet war, stand außer Frage.

Alexander Shaughnessy, Slaters Anwalt, Arhur Conan Doyle, William Roughead, William Park und John Thomson Trench kannten diese Hintergründe. Für sie war Francis Charteris der Hauptverdächtige der Tat. Und seine gesellschaftliche Stellung sowie seine und die Beziehungen seines Bruders Archibald, des Anwalts und Juradozenten an der Glasgower Universität, der Grund, warum sein Name stets geschützt und aus allen polizeilichen Ermittlungen herausgehalten wurde.

Eine riskante Spekulation

Der Fall Slater wird bis heute diskutiert, nicht nur als eklatantes Beispiel einer höchst fragwürdigen Polizeiermittlung, eines erbarmungswürdig geführten Prozesses und einer Arroganz der Macht, die eine transparente Untersuchung der Vorgänge nach Kräften unmöglich machte, sondern auch, weil inzwischen durch die Öffnung der Archive die meisten Ergebnisse von Ermittlungen bekannt geworden und durch die Recherchen von Journalisten und Buchautoren zahlreiche zum Zeitpunkt des Prozesses unbekannte Überlegungen, Aussagen und Fakten hinzugekommen sind. Mutmaßungen über den tatsächlichen Tathergang sind daher legitim.

Zwei Autoren unserer Zeit, die zu neuen, unterschiedlichen Lösungen kommen, sind Thomas Toughill und Richard Whittington-Egan. Beide haben Bücher veröffentlicht, die von langer, gewissenhafter Beschäftigung mit dem Fall zeugen, beide präsentieren Theorien seiner Auflösung, an die die Anforderung gestellt werden muss, einige essentiell bedeutsame, offene Fragen zu klären, ohne dabei in Widerspruch zum bisherigen Wissensstand zu geraten.

Thomas Toughills Biographie ist buntscheckig. Er studierte an der Universität in Glasgow, lehrte Geschichte in Gibraltar, arbeitete bei der Polizei in Hongkong, gehörte zur persönlichen Wache des langjährigen US-Außenministers Henry Kissinger und kehrte nach Schottland zurück, um dort als Deutschlehrer zu arbeiten. 1993 veröffentlichte er das Buch *Oscar Slater – Mystery Solved*, 2006 eine um neues Material und weitere Erkenntnisse ergänzte Version unter dem Titel *Oscar Slater – The Immortal Case of Sir Arthur Conan Doyle*.

Bevor wir auf Toughills Theorie des Tathergangs zu sprechen kommen, soll zunächst von seiner These die Rede sein, dass in seinen Augen die Glasgower Polizei den unliebsamen Fall elegant loswerden wollte – wobei ihnen ausgerechnet Slater einen Strich durch die Rechnung machte, mit fatalen Folgen für ihn selbst. Während in den USA die Auslieferungsverhandlungen liefen, war der Polizei in Glasgow – so meint Toughill und so unterstützt es die Faktenlage –, klar geworden, dass Slater nicht der Täter war. Allerdings offenbarte sich ihr eine Lösung, die ihr Ansehen retten und zugleich alle Probleme im Hintergrund der Ermittlungen beseitigen würde. Angesichts der mageren Indizienlage und angesichts der dürftigen Identifizierungsaussagen der Augenzeugen hoffte die Polizei in Glasgow schlicht und ergreifend, dass das Auslieferungsverfahren abschlägig enden würde. Die Vorteile hätten auf der Hand gelegen: Der unschuldige Slater wäre ein freier Mann geblieben. Ein nicht erwünschter ausländischer Bürger, ganz sicher ein Spieler und vielleicht ein Zuhälter, hätte nicht mehr in Großbritannien einreisen können. Und die Glasgower Polizei hätte offiziell darauf verweisen können, dass man den Täter ja so gut wie gehabt habe, nur eben die Beweislage vor einem ausführlichen Prozess in Schottland noch nicht ausgereicht habe, weshalb auch den amerikanischen Behörden letztlich kein Vorwurf zu machen sei. Die Ablehnung der Auslieferung Slaters durch die amerikanische Justiz wäre den Glasgower Behörden in jeder Hinsicht zupass gekommen, sie hätten ihr Gesicht gewahrt und wären etlicher Probleme ledig gewesen. Ausgerechnet Slater zerstörte diese Hoffnung, indem er in New York bekannt gab, dass er sich freiwillig einem Prozess stellen werde.

Das machte erst recht alles kompliziert. Zumal diese Freiwilligkeit in der schottischen Öffentlichkeit kaum wahrgenommen beziehungsweise als halbes Schuldeingeständnis gewertet wurde, und zwar in folgender Logik: Gewiss war Slaters Lage während des Auslieferungsverfahrens derart verzweifelt schlecht geworden, dass er mit seinem Beschluss lediglich einem ohnehin feststehenden Urteil zuvorkommen wollte. In der Glasgower Bevölkerung verursachte diese Annahme eine emotional aufgeheizte Vorverurteilung. Zu diesem Zeitpunkt wäre es noch verheerender für den Ruf der Glasgower Polizei gewesen, öffentlich einzugestehen, dass sie längst wusste, dass Slater nicht der Täter war.

Stattdessen, vermutet Toughill, hoffte sie erneut auf eine schiefe, aber glimpfliche Lösung ohne Gesichtsverlust. Es galt, den Fall so zu präparieren, dass der Verdacht auf Slater erhalten blieb, er jedoch mangels Beweisen freigesprochen werden würde. Die Möglichkeit der schottischen Geschworenen, nicht nur zwischen „Schuldig" und „Unschuldig" zu votieren, sondern sich ebenso für „Nicht bewiesen" entscheiden zu können, machte es durchaus wahrscheinlich, dass eine Mehrheit diese dritte Lösung wählen würde. Freispruch mangels Beweisen – niemand wäre ernsthaft zu Schaden gekommen, der Fall zu den Akten gelegt. Kein Ruhmesblatt für Polizei und Justiz, aber eben auch keine peinliche öffentliche Schlappe oder Schlimmeres. Aber es war eine riskante Spekulation. Und sie misslingt. Und das Unheil, statt zu verschwinden, nahm seinen Lauf.

Ein anonymer Brief

Die Lösung, die Thomas Toughill im Mordfall Gilchrist ausgetüftelt hat, beruht einerseits auf Fakten und auf anonymen Briefen, die die Polizei seinerzeit erhielt, denen sie jedoch nicht weiter nachging; andererseits ist der Kitt, der sie zusammenhält, ein eingestandenes gerüttelt Maß an Spekulation. Auch ist sie derart verwickelt und verblüffend wie eine verzwickte Sherlock-Holmes-Geschichte.

Drei Männer sind in Toughills Hypothese an der Tat beteiligt, von denen einer eine gewisse Ähnlichkeit mit Slater aufweist – nicht groß genug, um die beiden nicht deutlich voneinander unterscheiden zu können, wenn sie nebeneinander stehen würden, freilich groß genug, um sie zu verwechseln, wenn man sie einzeln im Abstand von Wochen sähe.

Toughills enscheidender Ausgangspunkt ist ein anonymer Brief, der am 20. Mai 1909 geschrieben und an den Minister für Schottland geschickt wurde. Anonyme Briefe aller Art erreichten in reichem Maße die Polizei und das Ministerium, viele davon gefüllt mit offenkundigem Unsinn. Anderes war möglicherweise ernst zu nehmen. Ein wichtiger Maßstab bei der Beurteilung, ob ersteres oder letzteres der Fall ist, beruht auf der Stimmigkeit der Hintergrundkenntnisse, die derlei Schreiben offenbaren. Das Schreiben, das Thomas Toughill vollständig zitiert, sei hier in den wichtigsten Passagen wiedergegeben:

„Mein Ehrwürdiger Lord!

Ich bin schrecklich angsterfüllt, dass Sie Oscar Slater hängen werden – er hat den Mord nicht verübt – Nelly Lambie war mit Birrell verlobt, Miss Gilchrists Neffen. Er war ein ziemlich wilder Kerl, und niemand aus der Familie wollte etwas mit ihm zu tun haben. Sie ging mit Cameron, dem Buchmacher – der sich Nugent nannte – aus, um alles über Birrell zu erfahren. Am Abend des Mordes hatte sie einen Mann in der Küche – um 18:30 Uhr. Nach dem Mord floh der Mann aus dem Küchenfenster und verschwand – er fuhr noch in der Nacht nach London, verkaufte die Brosche an einen Händler in *Little College Street* und reiste nach Neuseeland ab, bevor der Mord bekannt wurde. Sobald Slater gehängt ist, wird Nelly Lambie ihm nachfolgen – Nelly und Cameron wussten, wer den Mord verübt hat. Der [unleserlich] erklärte im März, Birrell sei in London gestorben – üble Lüge – man muss nur den Sarg öffnen und man wird sehen. Sagen Sie niemandem, dass ich Ihnen das geschrieben habe (Gott hat mir aufgetragen, es Ihnen zu schreiben) – oder ich werde entlassen und verliere meinen Arbeitsplatz. Bitte vergeben Sie mir. Es ist alles wahr."

Eine kühne Geschichte, niedergeschrieben ohne Zweifel von einer gepeinigten Seele. Ob diese Seele aus moralischen Gründen oder aus geistiger Verwirrung gepeinigt war, ist nicht ohne weiteres auszumachen. Menschen, die unter falschem Namen agieren, Tote, die gar keine sind – das könnte tatsächlich der Stoff einer Sherlock-Holmes-Erzählung sein.

Thomas Toughill nimmt den anonymen Brief ernst, weil darin auf einige Dinge angespielt wird, die von dritter Seite bestätigt oder angedeutet sind, ohne dass davon auszugehen ist, dass die oder der Briefschreiber davon wissen konnte. Der Name Nugent war beispielsweise in den Befragungen Helen Lambies im Auslieferungsverfahren in New

York gefallen, Arthur Conan Doyle zitiert die entsprechenden Passagen. Patrick Nugent war jener Buchmacher, der Helen Lambie in Glasgow getroffen und in der Sommerfrische in Girvan mit ihr und Miss Gilchrist Tee getrunken hatte. Warum Nugent aus dem Verdachtskreis der Polizei geriet, ist nicht geklärt (ein Nugent stand auf der Zeugenliste des Prozesses, wurde jedoch nicht vernommen). Und tatsächlich war ein Neffe von Miss Gilchrist namens Birrell im März gestorben, Wingate Birrell Gilchrist, am 4. März 1909, fünfundvierzigjährig, an Tuberkulose – allerdings in London, nicht in Neuseeland. Die Behauptung des Verfassers des anonymen Briefes, Wingate Birrell sei noch am Leben – war sie ein Hirngespinst?

Bei einem Mordfall ist es üblich, alle Familienmitglieder zu überprüfen, und nachdem die Polizei Wingate Birrell Gilchrists Adresse in einer Londoner Vorstadt ermittelt hatte, wurde er im Januar 1909 von einem dortigen Polizisten befragt. Der Bericht existiert noch und erklärt, Wingate Birrell sei schwer an Tuberkulose erkrankt, zum Zeitpunkt des Mordes in London gewesen und gebe an, seine letzte Reise nach Glasgow datiere aus dem Jahr 1902 und sei ein Besuch bei seinen Eltern gewesen. Auch sei Wingate Birrell, schrieb der Londoner Polizist, derart schwach und körperlich am Ende, dass er schwerlich wenige Wochen zuvor einen gewaltsamen Mord verübt haben könnte.

Damit lässt die Glasgower Polizei es bewenden. Toughill vermutet angesichts des anonymen Briefes, dass dieser Mann nicht Wingate Birrell war. Dazu muss man sich vor Augen führen, dass es damals keine Ausweispflicht gab und es völlig selbstverständlich war, dass Menschen ihren Geburtsort und ihr Alter nicht wussten. Jeder Ortswechsel oder Umzug bot also die Gelegenheit, seinen Namen zu ändern. Toughills These: Wingate Birrell tauschte die Identität mit einem schwer tuberkulosekranken Mann, bevor er die Tat beging und nach Neuseeland abreiste. Dazu waren nicht mehr als gegenseitiges Einverständnis und gegebenenfalls ein Wohnungswechsel notwendig. Es gibt für Toughill ein Indiz, das seine Annahme untermauert: Bei der Vernehmung durch den Londoner Polizisten sagte der Mann, er sei zuletzt 1902 in Glasgow gewesen, um seine Eltern zu besuchen. Da wäre Wingate Birrell neun Jahre zu spät gekommen, um seinen Vater noch lebend zu sehen, und sechs Jahre zu spät für seine Mutter.

Der anonyme Brief behauptete, Wingate Birrell Gilchrist sei von Helen Lambie in die Wohnung und dort in die Küche geschmuggelt worden, bevor sie das Haus verließ, er sei der Mörder gewesen und nach der Tat durch das Küchenfenster geflohen. Tatsächlich wäre dieser Fluchtweg denkbar, da unmittelbar neben dem Küchenfenster ein Regenabflussrohr senkrecht nach unten verlief. Wingate war Seemann gewesen, ein geschickter Kletterer hätte keine große Mühe gehabt, an diesem Rohr hinab in den Hinterhof zu gelangen, von dem aus rasch die Straße zu erreichen war. Helen Lambies Verhalten, das allen Kennern der Vorgänge Rätsel aufgab, hätte seine Erklärung gefunden. Da sie, in der Behauptung des Briefes, in den Plan eingeweiht war und wusste, dass der Täter die Wohnung durch das Küchenfenster verlassen wollte, führte ihr erster Gang – mit einer Begründung, die so wenig einleuchtet und auch von Arthur Conan Doyle als so völlig unglaubhaft angesehen wurde, dass sie ein Vorwand gewesen sein muss – in die Küche, um sich zu überzeugen, dass dem Täter die Flucht geglückt sei. Auch den Mann in der Diele spricht sie nicht an, weil sie weiß, dass er ein Komplize Wingate

Birrells ist. Anschließend mäandert sie in der Wohnung herum – nur dorthin nicht, wo sie ihre Dienstherrin zurückgelassen hatte –, um dem Täter weitere Zeit zur Flucht zu geben, bis Arthur Adams sie regelecht auffordern musste, endlich nach Miss Gilchrist zu sehen. Lambies Verhalten wäre unter dieser Maßgabe völlig plausibel.

Es ist hier nicht der Ort, alle Argumente, Anhaltspunkte und Schlussfolgerungen Toughills zusammenzutragen. Es genügt festzustellen, dass in seiner Theorie auch die beiden Brüder Archibald und Francis James Charteris ihren Anteil an Planung und Durchführung der Tat haben, dass ihr Motiv mit Marion Gilchrists Testament zusammenhing, dass die Beziehungen der Charteris-Brüder zum Leiter der forensischen Untersuchung und zum Staatsanwalt dazu führten, dass die Spuren zum tatsächlichen Täter verschleiert wurden und dass Oscar Slater durch eine geschickte Intrige zum Sündenbock gemacht werden sollte, dem freilich, wie eingangs zu Toughills Buch geschildert, vielleicht nicht wirklich ein Haar gekrümmt werden sollte.

Bodenständige und rechtschaffene Leute werden Toughills Theorie recht verwickelt und mitunter überorchestriert finden, freilich steht sie erheblich im Einklang mit den Fakten und kann bei aller Kühnheit der Konstruktion nicht falsifiziert werden. Im Gegenteil, man findet passende Verbindungsstücke und Details an Stellen, an denen man sie nicht vermuten würde – z. B. auch in Richard Whittington-Egans Buch *The Oscar Slater Murder Story – New Light on a Classic Miscarriage of Justice* (2001), das allerdings eine völlig andere Lösung des Falles für denkbar hält.

Die Geschichte eines Raubmords

Richard Whittington-Egan, Kriminal-Sachbuchautor und u. a. Verfasser dreier Bücher über Jack the Ripper, versucht im bekannten „Es war alles ganz anders"-Verfahren, die Betrachtung der langen Geschichte des Falles nach Kräften gegen den Strich zu bürsten. Die Manipulationen von Polizei und Staatsanwalt exkulpiert er halb und halb, weil sie aus Gewissensgründen geschehen seien – einige Beteiligte wären derart stark dem Irrtum verfallen, Slater sei tatsächlich der Schuldige gewesen, dass sie mit falschen Mitteln den Richtigen zu bestrafen glaubten. Das macht die Sache nicht besser. Polizeileutnant John Thomson Trench, der die Nachuntersuchung von 1914 bewirkt hatte, sei von Sinnen und ein windiger Charakter gewesen. Mangels ernstzunehmender Belege dafür muss die Tatsache herhalten, dass er als Elfjähriger zusammen mit seiner Mutter in einem kalten schottischen Winter Feuerholz gestohlen habe. Da hat man schon bessere Verbrecherlaufbahnen gelesen. Man verspürt bei Whittington-Egan gelegentlich eine Tendenz, etwas Neues sagen zu wollen, ohne wirklich etwas Neues sagen zu können, und so umfassend und aufwändig er recherchiert hat und so durchdacht und lesenswert er weite Teile des Falles präsentiert, so holprig wird es, wenn er sich auf das Neuland überraschender Wendungen begeben will. Weil sein Buch jedoch alle Aspekte umfassend diskutiert und eine Fülle an Material enthält, gehört es mit zu den wichtigsten Anlaufstellen für jeden, der sich für den Fall interessiert.

Whittington-Egans Lösungshypothese beginnt mit einer seinerzeit nicht ernst genommenen Episode aus dem Jahr 1948. Ein Glasgower Fahrstuhlführer, Ende 50, verkaufte einem Journalisten seine Geschichte. Seine Motivation bestand angeblich darin, dass Oscar Slater kurz zuvor gestorben war und ihn nun Gewissensbisse quälten, denn er hatte den wahren Täter des Mordes an Miss Gilchrist gekannt. Dieser Fahrstuhlführer hatte, wie sich tatsächlich erwies, eine reichhaltig kriminelle Karriere hinter sich und behauptete, in ganz jungen Jahren Teil einer Glasgower Einbruchsbande gewesen zu sein. Ihr Hintermann habe einige Putzfrauen an der Hand gehabt, die sich bei ihm etwas dazuverdienten, indem sie ausplauderten, in welchen Wohnungen, in denen sie oder Kolleginnen arbeiteten, es etwas zu holen gab. Auf diese Weise seien sie auch an die Information von Miss Gilchrists Juwelen gekommen. Es sei üblich gewesen, die betreffenden Wohnungen von außen eine Weile vorher auszukundschaften, um festzustellen, wann der beste Zeitpunkt zum Einbruch sein würde. Gewöhnlich habe dann einer von ihnen an der Haus- oder Wohnungstür geklingelt, um unter irgendeinem Vorwand Einlass zu bekommen. Gängig sei gewesen, sich als Fensterputzer oder Versicherungsvertreter auszugeben.

Zwei Männer seien hauptsächlich am Einbruch bei Miss Gilchrist beteiligt gewesen, ein gewisser J., der damals Anfang zwanzig gewesen sei und in seiner Erscheinung Slater geähnelt habe, sowie ein W., um die vierzig, der eine gebrochene Nase besaß. Der Einbruch hätte in einem Desaster geendet. J. sei es zwar gelungen, Einlass zu bekommen, aber seine Versuche, Miss Gilchrist durch Schläge mit seiner Brechstange zu betäuben, seien vergeblich gewesen, so dass er weiter und weiter habe schlagen müssen. Dann habe es an der Tür geklingelt, und er habe nur noch an Flucht denken können, so dass kaum Zeit blieb, sich um die Juwelen zu kümmern. Um Haaresbreite aus der Wohnung entkommen, sei J. vom Tatort fortgerannt und habe die Brechstange, die er an seine Jacke gepresst hielt, in den Fluss Kelvin geworfen.

Der Journalist brachte die Geschichte zu Papier und sie erschien im *Sunday Express*, wurde freilich als inhaltlich abseitig betrachtet. Ein Mensch, der von Gewissenslast spricht, aber dann doch finanziell die Hand aufhält, dazu die Tatsache, dass allgemein geglaubt wurde, der Mörder von Miss Gilchrist stamme aus ihrer eigenen Familie (und Miss Gilchrists eigene Familie glaubte dasselbe) – der Artikel war gewiss das Papier nicht wert, auf dem er zu lesen war.

Zu Beginn der 1960er Jahre veröffentlichte ein hochrangiger Polizist in London seine Memoiren und beschrieb, dass er dem Zeitungsartikel nachgegangen sei. Der Fahrstuhlführer erwies sich tatsächlich als Mitglied einer berüchtigten Einbrecherbande, die in den ersten beiden Jahrzehnten des 20. Jahrhunderts ihr Unwesen trieb. Freilich war er 1960 verstorben – allerdings hatte er seine Geschichte nicht nur einem Journalisten erzählt, der sie nicht glaubte, sondern im Gefängnis auch einem Mithäftling, der sie glaubte und später dem Polizisten mit weiteren Einzelheiten preisgab.

Der Wahrheitsgehalt dieser beschriebenen Vorgänge ist heute kaum noch zu ermitteln, doch Whittington-Egan stellt fest, dass alle Angaben mit den Aussagen der Hauptzeugen konform gehen können. Der Mörder J. (für Jamieson) sah Slater ähnlich, sein Komplize mit der gebrochenen Nase hieß Wilson und könnte Whittington-Egan zufolge der Mann gewesen sein, den Mary Barrowman flüchten sah. Falls Wilson lediglich aus Sichtweite flüchtete, um anschließend auf Jamiesons Erscheinen zu warten, passt zudem die Aussage der Lehrerin Agnes Brown ins Bild, die zwei flüchtende Männer beschrieben hatte, von denen einer „irgendetwas in der Hand trug, das schwerfälliger als ein Gehstock erschien", mit anderen Worten: die Brechstange Jamiesons. Der Fluchtweg, den die beiden Männer Agnes Browns Aussage zufolge nahmen, führte in Richtung einer Brücke, unter der der Kelvin floss.

Unschuld und Verhängnis

Sowohl Thomas Toughills als auch Richard Whittington-Egans Buch sind weitgehend wohldurchdacht und exzellent geschrieben. Keiner von beiden verhehlt, dass ihre jeweiligen Aufklärungsmodelle des Falles zahlreiche Mutmaßungen enthalten, die jenseits heutiger Beweisbarkeit liegen.

Heute ist unbestritten, dass Oscar Slater mit dem Mord nichts zu tun hatte. Sein Verhängnis war, dass er in einer Zeit, die großen öffentlichen Druck und eine ratlose Glasgower Polizei sah, als Bauernopfer eine gute und leichte Wahl bot. Er agierte in Kreisen von Buchmachern und Spielern, lebte offenbar mit einer Prostituierten zusammen, so dass man (ohne jede tatsächliche Grundlage) behaupten konnte, er sei ein Zuhälter; er sprach ein schlechtes Englisch mit starkem deutschen Akzent, erschien also verbal nicht gut gerüstet, sich zu verteidigen; er war Deutscher und damit per Nationalität bereits schlecht angesehen, denn gegen die Deutschen – das war 1909 absehbar – würde man aller Voraussicht nach bald einen großen Krieg führen müssen (die vorbereitenden militärischen Anstrengungen waren auf beiden Seiten in vollem Gange), obendrein war Oscar

Slater Jude, was angesichts des Vorhandenseins antisemitischer Vorurteile in Schottland seine Lage keineswegs verbesserte. Zudem war Slater mit einer Schottin verheiratet, die er im Stich gelassen hatte, und lebte mit einer Geliebten zusammen. Er hatte in Schottland keinerlei Angehörige und keinerlei Fürsprecher aus gesellschaftlich geachteten Kreisen, die etwas für ihn hätten tun können oder wollen.

Oscar Slater war mithin eine ideale Lösung in einem Fall, in dem Polizei und Staatsanwaltschaft peinlicherweise keine Lösung fanden und in dem es einen Verdacht gab, der sich gegen eine gesellschaftlich angesehene Familie mit besten Beziehungen richtete, den man nicht gerne sah. Mit ein wenig Manipulation der Ermittlungsergebnisse wäre man freilich alle Probleme los, und ein Mensch namens Oscar Slater wäre überaus schnell vergessen gewesen und rasch Gras über die Sache gewachsen.

„Wenn Slater am Morgen des 27. Mai 1909 im Duke Street Gefängnis in die Ewigkeit gestürzt wäre“, schreibt Thomas Toughill in seinem Buch, „hätten der Generalstaatsanwalt, der Staatsanwalt und gewisse Beamte der Glasgower Polizei ihn ebenso eindeutig ermordet, als wenn sie einen Killer angeheuert hätten, ihn niederzuschießen.“

Es war eine einfache Rechnung – die nicht aufging. Die erste Komplikation war die völlige Überzeugung von Slaters Unschuld in der Anwaltskanzlei, die ihn verteidigte und die, ohne irgendetwas davon zu haben, ihre Bemühungen um Gerechtigkeit auch nach dem Prozess fortsetzte. Da waren die heftigen Zweifel bei William Roughead, einem angesehenen Anwalt aus Edinburgh, der den kompletten Prozess von den Zuschauerrängen aus verfolgt hatte und die Protokolle des Verfahrens als Buch herausbrachte. Und da waren Arthur Conan Doyles Buch, das die

Widersprüche und Ungereimtheiten in den Ermittlungen und im Prozess aufzeigte und in die ganze angelsächsische Öffentlichkeit trug, und seine nachhaltigen, jahrzehntelangen Bemühungen, den Fall aktuell zu halten. Der Mensch namens Oscar Slater wurde nicht überaus schnell vergessen und Gras wuchs niemals über die Sache.

„Dieser ganze Fall wird meiner Meinung nach – als das herausragendste Beispiel für Unfähigkeit und Starrsinn der Behörden – ein unsterblicher Klassiker der Kriminalgeschichte werden", schrieb Arthur Conan Doyle bereits 1914 in einem Artikel, der im Juli im englischen *Spectator* und im August in der *New York Times* erschien. Damals war Doyle immer noch halbwegs bereit, an einen hartnäckig vertuschten Justizirrtum zu glauben. Seine Vorhersage erwies sich als zutreffend. Bis heute gilt der Fall Oscar Slater als einer der berüchtigtsten und umstrittensten Fälle der gesamten britischen Justizgeschichte. In immer neuen Büchern und Artikeln wird auf jeweils aktuellem Stand untersucht und debattiert, ob die Glasgower Polizei und Justiz lediglich mit Scheuklappen und Halsstarrigkeit einem Irrweg aus unbegreiflichem Irrtum aufgesessen sind oder ob es sich tatsächlich um einen bewusst eingefädelten Justizmord zum Schutz des Rufs der Polizei und einer angesehenen Familie mit Beziehungen in höchste Kreise handelt.

Arthur Conan Doyle, der als junger Arzt aufgrund falscher Anschuldigungen selbst einmal in Gefahr stand, sich eines Mordverdachts erwehren zu müssen, war stets der Meinung, dass unter ungünstigen Umständen jeder Mensch das Opfer falscher Ermittlungen oder eines Justizirrtums werden könne. Es genügt, zur falschen Zeit am falschen Ort zu sein, oder wie der Fall Slater beweist: Man muss noch nicht einmal zur falschen Zeit am falschen Ort sein, wenn man lediglich jemandem ähnlich sieht.

Doyles Haltung zur Todesstrafe war folgerichtig zu allen Zeiten eindeutig und entschieden. „Mit der heftigen Abscheu, die ein blutrünstiges Verbrechen hervorruft", schrieb er, „verbindet sich bei Richtern und Geschworenen die Neigung, jene Zweifel beiseite zu wischen oder als irrelevant zu behandeln, die zugunsten des Angeklagten sprechen und auf deren Würdigung er ein Recht hat. Lord Tenterden hat diese Theorie des Zweifels herabgestuft, indem er behauptete, eine Geschworenenjury sei berechtigt, ihr Urteil auf eine solche Grundlage zu stellen, wie man sie in allen anderen Dingen des Lebens als ausreichend ansehen würde. Aber wenn man sich vor Augen führt, wie oft man sich im Leben einer Sache sicher war und sich dennoch geirrt hat, wie oft das, was einem als gewiss erschien, überhaupt nicht zutraf und wie oft Dinge, die unmöglich erschienen, tatsächlich der Fall waren oder eintrafen, dann begreifen wir, dass die Justiz, wenn sie aufgrund dieses Prinzips agiert, wahrscheinlich der größte Serienmörder in England ist."

Zur Textgestalt

Der Text der Übersetzung folgt der bei Hodder & Stoughton erschienenen englischen Erstausgabe vom August 1912 (Kapitel 1 und 2). Der Text von „Der Stand des Falles Oscar Slater im Jahr 1927 – eine Nachschrift" (Kapitel 3) folgt der englischen Erstausgabe von William Parks „The Truth About Oscar Slater", die in Arthur Conan Doyles Verlagsbuchhandlung „The Psychic Press" erschien und für die Doyle den Stand des Falles bis zum Jahr 1927 zusammenfasste. Abbildungen William Roughead, ansonsten Wikimedia Commons (S. 37), Mitchell Library (S. 66 f.) sowie Fotos aus einer Privatsammlung (S. 70 f.). Die Texte der dokumentarischen Teile auf den Seiten mit grauem Hintergrund stammen vom Herausgeber.

Der Autor

Sir Arthur Conan Doyle (1859–1930) war der Sohn strenger katholischer Eltern aus Edinburgh. Er besuchte Jesuitenschulen in England und Österreich und studierte in seiner Heimatstadt Medizin. Mit 21 Jahren reiste er als Schiffsarzt in die Arktis und nach Westafrika und eröffnete dann in Portsmouth eine Arztpraxis. Nach anfänglichen literarischen Versuchen erschien 1887 die erste von zahlreichen Sherlock-Holmes-Erzählungen, die ihren Verfasser berühmt machten. Conan Doyle war politisch engagiert, spielte Golf, Cricket und Fußball und glaubte an Feen. Er versuchte sich in vielen literarischen Genres, blieb aber für die Öffentlichkeit stets der Meister des detektivischen Spürsinns.

Der Herausgeber und Übersetzer

Michael Klein, geboren 1960, Studium der Philosophie, Germanistik und Publizistik in Münster, arbeitet als Kulturredakteur bei einem Regionalmagazin und schreibt für Zeitschriften und den Rundfunk (NDR, SWR, BR, HR). Von 2007 bis 2016 war er Mitglied der Programmkommission des Filmfestivals Max-Ophüls-Preis. Er ist Autor, Übersetzer und Herausgeber zahlreicher Bücher, zuletzt erschienen „Mark Twain in München" (2015 bei Morio) und „Mark Twain in Bayern" (2016 in der Edition Monacensia im Allitera Verlag).

2016
© Morio Verlag Heidelberg
Morio Verlag, ein Imprint der mdv Mitteldeutscher Verlag GmbH
www.morio-verlag.de

Alle Rechte vorbehalten.

Gesamtherstellung: Mitteldeutscher Verlag, Halle (Saale)

ISBN 978-3-945424-27-8

Printed in the EU